JN410038

다 카포 Da Capo

백승희

교음사

작가의 말

책갈피를 열자 장미꽃 울타리가 펼쳐진다
꽃잎에 물든 키스, 노을 번지는 향기를 빨아들인다
네잎클로버를 찾던 우리의 손은 우기와 건기에도 다정했지
마른 꽃잎엔, 흘러간 계절의 그림자가 달라붙어 있다
태양이 부서지는 초원을 향해
바람으로 달려도 늘 제자리이던
연분홍 기억을 놓친 꽃대에서, 방목의 시간은 잠들어 있다
화장을 지운 거울 속 실루엣
내가 던져준 부케는 누구의 손에 들려 있을까
낡은 세월 뒤편으로 돌아누워, 발아하지 못한
언어의 침묵이 되살아나면
꽃잎 스치던 창밖으로, 오후의 초록이 감긴다

▸ 차례

1

계절을 날염하는 동안

기억의 단층에서 새로이 펼치는 원단엔 봄의 꽃잎이 피어난다. 비포장도로의 길가, 민들레꽃 옆에 살짝 다가가면 눈부신 기억이 옮겨 앉는다.

아버지의 섬유공장에는 어린 날의 꿈이 삼원색으로 물들어 있다. 대형트럭에 쌓인 실을 하역하는 새벽, 몸집 큰 아저씨들이 짐을 내리면 마당에는 작은 산이 생긴다. 밤낮없이 [1]환편기(丸編機)에 실이 빛처럼 쏟아졌다. 마당에는 대추나무가 한 그루 있었는데 푸른 열매를 매달고 발갛게 익

---

1) 회전하면서 천을 직조하는 기계(다이마루)

어갔다. 기계가 옷감을 짜는 동안 나무도 충실하게 열매를 키웠다. 기계도 나무도 성실했던 시간이다.

공장에서는 옷감을 짜고 난 후, 염색과 봉제까지 전 과정이 이뤄졌다. 나는 호기심이 많은 아이였다. 할아버지가 환편기 가까이 가지 말라고 하셨지만, 기계가 회전하며 옷감을 짜는 것이 들여다볼수록 신기했다. 소음 속에서도 즐거운 시간이었다.

'젖은 시간을 말리는 건조장에 휘날리던 봄의 꽃잎들', 옥상에서는 햇살과 바람에 말라가는 염색 천의 실루엣이 환상적이었다. 그곳에서 우리는 바지랑대에 나풀거리는 빨강, 노랑, 파랑의 원색 천들을 온몸으로 휘감았다. 천과 천 사이를 누비며 물감 냄새를 안고 햇빛 따라 숨바꼭질하기에 안성맞춤인 곳이었다.

우리집 빈터에 지어진 날염 공장 역시 놀이터였다. 나무로 지은 직사각형의 창고가 대여섯 명의 청년들 일터였다. 긴 나무 작업대에 하얀 천을 길게 펼치고 제 몫의 물감을 탁탁 훑어내릴 때마다 색 고운 계절이 줄을 선다. 자신의 발자국을 새기는 것이다. 간혹 간격이 맞지 않아 물감이 그림의 틀을 벗어났다. 봄 언덕을 달리던 아이가 놓친 파랑, 노랑 풍선이 하늘로 날아간다. 꿈을 좇던 얼굴에 눈물방울이 매달린다. 주인아저씨께 호된 꾸지람을 들어야 했다.

강렬한 색채가 내 안에 똬리를 틀고 있는 것 같다. 양동이에 여러 물감을 붓고 색을 혼합하던 모습도 인상적이다. 마음먹기에 따라 색상, 명도와 채도를 얼마든지 변용할 수 있는 근간이 되는 걸 보았다. 마음도 그렇게 고집을 버리면 자연스레 제 색을 잃지 않으면서도 혼용의 아름다움을 간직하게 되는 것이 아닌가.

계절이 바뀌는 걸 제일 먼저 알려주는 것은 날염 공장의 무늬들이었다. 하얀 원단에 '색 고운 계절'을 새긴다. 민들레의 갓털이 소소한 꿈을 심으러 저 너머로 날아갔고, 돛단배가 바람의 키를 잡고 수평선을 달렸으며, 딸기와 포도와 수박의 계절이 다가온 것을 알렸다. 그 공간 속을 거침없이 들락거리며 상상력은 색채로 충만해졌다.

물감을 가지고 노는 일과 생계는 다르다. 그 의미를 알지 못한 어린아이는 꿈을 꾸었다. 하지만 인생은 알 수 없는 일, 파치를 팔러 간 아저씨가 다치는 불운이 오기도 했다. 그렇다고 해도 빠진 이를 한동안 속절없이 내보이던 아저씨의 입속은 금니로 채워졌고, 한 시절은 금세 지나갔다. 수줍은 아저씨의 결혼식처럼 천연의 웃음이 마음속에 날염 되었다.

꿈속에서는 늘 마당 넓은 집 울안에서 어린 날이 행복하게 박제되어 가족들 웃음소리가 모여 있다.

색색의 천, 물감 상자를 그리움으로 품은 채, 성장의 계절을 맞이했다. 아이를 키우며 무채색을 통과할 때다. 그 시절, 아이가 태어나면 천 기저귀를 사용했다. 삶아서 뽀얗게 된 기저귀를 널어놓고 분주한 날이 거듭되었다. 깃발을 흔드는 바람을 지나쳐 아이의 계절에도 날염이 시작되었다. 기저귀를 뗀 뒤부터 아이들과 색채 속에서 살았다. 고운 물감을 마음에 물들여 주던 아버지처럼 나도 아이들이 아름다운 삼원색을 간직하길 바랐다.

원단은 하얀 길의 시작이다. 그 길에 여러 인생의 발자국이 무늬를 찍는다. 먼저 간 이들이 새겨놓은 보석 같은 길이다. 그 길을 따라 헛짚은 내 길에도 길이 새겨진다. 그러면 또 다른 이들이 그 길을 밟을 것이다.

긴 나무 작업대에 하얀 길 펼치고/ 물감 틀을 들고 발자국을 새긴다//
물감을 탁탁 훑어내릴 때마다/ 색 고운 계절이 줄을 선다//
때론 줄 서지 않고 달려온 계절이/ 초여름에 겨울을 던지듯 우박을 쏟아붓는다//
자전거에 꿈의 파치를 둘둘 말아 장터로 나서는 날/ 하필, 시간은 절뚝거리고/ 날씨마저 울먹이면//

광석이 아저씨는 부러진 앞니 사이로/ 웃음을 내보이며 팔다 남은 생을 끌고 돌아온다//

새로이 펼치는 원단엔/ 봄의 꽃잎이 피어난다// (중략)

-「계절을 날염하는 동안」, 일부

오래된 강에서는 종소리가 난다

비가 내린다. 강을 에워싼 물안개가 보고 싶다. 양수리로 길을 잡는다. 도로는 아직 새벽을 벗어나기 전이다.

수몰된 시간에서 비릿한 안개가 피어오른다. 강둑에 서서 깊이를 헤아린다. 나는 돌멩이를 던져 한동안 물수제비를 띄운다. 오래된 강과 주고받는 말은 둘이어도 무관하다. 혼자인 듯 서서 강을 바라보고 있으면 어머니 품에 안긴 것처럼 메마른 가슴이 촉촉해진다. 그렇게 젖은 가슴이 될 때야 강에서 놓여난다.

따뜻한 커피가 생각나 강가에 있는 녹슨 컨테이너의 문을 밀고 들어선다. 스툴 의자와 폭이 좁은 나무 탁자가 길게 놓여있는 찻집이다. 그곳이 좋아진다. 화장기 없는 여자, 담백하게 로스팅한 커피와 토스트 한 조각을 내밀면서 미소짓는다. 그녀는 하던 대로 뜨개질을 하거나 읽다가 만 책을 가지고 비켜 앉는다. 서로의 말에 끼어들지 않는다. 우리도, 그녀도 눈인사면 족하다.

찻집의 여인은 말이 필요 없음을 안 듯하다. 강을 찾는 사람들에게는 사연이 있다고 생각되는 모양이다. 그녀가 한결같이 안개를 안고 살아가듯이, 강을 찾는 사람도 이미 강의 일부가 되어 있다는 것을 깨달은 것이 아닌가.

친구는 사는 게 팍팍하다고 느껴지면 그냥 물가로 달려간다고 했다. 나를 부를 때도 있지만 혼자 빗속을 달려가기도 한다. 이른 새벽의 강가, 그곳에서 마시는 커피 한잔, 안개비에 촉촉해지고 편안함을 느낀다.

바람이 왔다가는 강은 주변에 늘어진 나무들의 몸부림 때문인지 마치 정신 줄을 놓은 젊은 여자의 매무새 같다. 내 마음이 소란스러울 때면 더욱 그런 생각이 든다.

어머니의 강에서 언어의 날카로운 표창을 건져 올렸다. 불어난 강물은 핏발이 선다. 토사물로 젖이 불은 듯 뿌옇다.

우리들의 돌멩이가 너무 아프다고 소리치는 것은 아닌지.

강은 쏟아놓은 말들에 염증을 앓는다. 앓는 물소리에 둑이 허물어진다. 빛의 이치를 깨닫느라 바람 소리 뒤척이는 강, 언어가 빠져나간 강물에서 말을 잃은 대신 어머니가 참선하는 듯하다.

주검을 태우고, 그 물에 몸을 담그고, 다시 태어나기를 기도하는 갠지스강 사람들, 나도 강물을 바라보며 내 안의 아픔을 던져두고 돌아서는 날이 얼마나 많았던가.

바람의 소통으로 울리는 종소리, 메아리가 동심원을 그린다. 어머니가 은종을 치시는 것 같다.

새싹이 올라오는 연둣빛 봄, 어머니의 강에도 다시, 봄이 오길 기도한다.

소리나무

설봉공원 언덕에 바람이 불었다. 새순이 흙을 밀어 올리는 3월, 어디선가 잘강거리는 소리가 들려왔다. 수천 개의 도자기 종을 매달고 서 있는 소리나무. 독특한 조형물이었다.

이천도자기마을 답사에 나섰다. 문우들끼리 이곳저곳 발걸음을 옮기며 도자(陶瓷) 감상에 젖었다. 소리나무에서 흔들리던 수천의 도자 잎들. 종지만 한 그것들은 잘강거리며 푸른 빛으로 속삭였다.

소리라는 2음절에서 골목에 소리를 내려놓던

한 사람의 삶이 얼핏 스쳐 지나갔다. 저물어가는 길목마다 목쉰 새가 깃을 접는 것만 같았다. '소리나무'는 습작으로 남겨진 채, 십여 년이 훌쩍 지나갔다.

불현듯 내 글감의 씨앗을 주었던 외숙모님이 돌아가셨다. 울먹이던 하늘에서 세찬 비가 온종일 내렸다. 거센 빗줄기가 심연에 닿아 솟구쳤다. 외숙모의 지난했던 삶을 배웅하는 슬픈 의식이었다. 실컷 울었다. 외숙모님은 한국전쟁 참상에 남편을 잃었다. 외삼촌은 지주계급이라고 분류되어 총살을 당했다는 것이다. 전쟁을 겪지 않은 내가 들어도 가슴이 찢어지는 듯 아팠다. 이별의 순간도 갖지 못한 부부, 갓난아이를 업은 채 외숙모는 얼크러진 시신 더미에서 남편을 찾아냈다고 했다.

외숙모는 날마다 제 가슴을 쪼아 피멍 든 작은 새가 되었다. 그 후 골목마다 울음을 내려놓는 새처럼 떠돌았다. 머리 짐을 이고 골목마다 기웃거리는 고단한 삶. 초인종 대신 목소리가 앞장섰다. 처음에는 발걸음이 떨어지지 않았고 목소리는 저 뒤쪽에서 치마꼬리를 부여잡았다. 남매를 키우면서 견뎌내는 것이 사는 이유였을지도 모르겠다. 그런데 갓난아이였던 아들은 갓 스물을 넘기고 동백꽃처럼 툭, 핏빛으로 낙화하고 말았다.

가슴에 새로이 생긴 무덤이 더 가혹했다. 어쩔 수 없이 외숙모는 늘 바람으로 떠돌았다. 네온의 불빛이 끌어들인 뒷골목은 현란하고 음습했으며 빛과 어둠이 공존하는 일상에서 젊음은 서서히 소멸해갔다. 날개를 파닥거릴수록 세상은 혹독했다. 어떻게 그 세월을 살아내셨을까.

간간이 외숙모를 만났다. 보따리를 이고 우리 집을 방문한 때였다. 곱던 얼굴은 파도의 흔적을 고스란히 드러냈다. 서서히 웃음이 사라져갔고 메마른 울음소리가 꺽꺽 목에 걸려 있었다.

한 생이 작별을 고하는 동안, 비가 내리기 시작하더니 지상의 울음과 범벅이 되었다. 사흘을 그렇게 울고 난 하늘은 촉촉이 젖은 땅을 내놓았다. 쏟아지는 빗속을 뚫고 한 마리 습새가 날개를 접었다.

외사촌 언니는 작은 동산을 마련해 분재원을 운영하고 있다. 창문을 열면 눈앞에 나무들이 훤히 보이는 곳이다. 가벼워진 외숙모의 육신은 백지에 곱게 사려 소나무 아래 수목장했다. 주검은 그제야 망자의 안식이 되었다. 더는 외롭지도 않을 이별처럼. 자식 곁에 가까이 누우셨으니 편안할 것 같다. 언니가 가꾸는 꽃동산은 얼마나 화사할 것인가. 언제든 외숙모 곁에 찾아갈 수 있어 언니는 안심이 되는 것 같다.

'엄마가 잠들어 있는 소나무를 껴안고 그 목소리 듣듯이 가지를 흔들어봐야지, 그러면 따뜻했던 엄마의 숨소리 들을 수 있을 것 같아.' 외사촌 언니의 혼잣말이 허공을 떠돌았다.

작은 동산에 잔바람이 일었다. 방금 부여잡았던 소나무 가지가 흔들렸다. 분재원에 내려앉은 새 한 마리, 소리나무에 혼을 불어넣는다. 귀 기울이면 들릴 듯한 목소리인 양.

바람의 언덕에서 소리를 내건 '푸른 종소리' 밤마다 하늘로 돌아가 별이 될 것 같다.

집으로 가는 길

교통사고였다. 경사진 길에서 출발한 버스는 가속이 붙어 아래로 내달렸다. 그리고 정지해있는 차를 들이받고 말았다. 사람들의 비명과 두려움은 순식간에 속도와 뒤엉켰다. 맨 뒷좌석에 앉아있던 나는 손잡이를 놓치고 말았다. 무언가에 강하게 부딪혔다. 이대로 죽는 것인가, 나는 집으로 가던 길이었다.

눈을 떴다. 하얀 벽에 둘러싸인 낯선 방, 통증이 몸을 깨웠다. 얼굴과 팔에 붕대를 감고, 조금만 돌아누우려 해도 온몸이 욱신거렸다. 고열을 동반해 밤새 늪에서 허우적거렸다. 시간의 흐름은 아득하고, 낯선 숨소리가 가득한 병실은 밤마다 신음으로 전쟁터가 되었다.

병원 생활이 길어지고 있었다. 무심히 복도에서 재활운동으로 걷기를 하던 어느 날, 아이들의 웃음소리가 병원 안으로 흘러들었다. 창밖에서 들려온 소리였다. 병원의 사잇길을 지나면 개천이 있다. 가로수에 가려져 보이지 않았지만 몇 걸음 걸어 층계를 내려가면 냇가에 다다를 수 있다. 걸어가 보고 싶었다. 입원한 지 삼 주째 접어든 날, 드디어 외출 허락을 받았다.

팔걸이를 한 채 냇가로 향했다. 아이들이 첨벙거리며 얕은 물 속을 걸어 다녔다. 한 아이가 두 손으로 뜰채를 만들더니 송사리를 잡아 투명한 유리병에 넣었다. 그 안에 있던 다슬기가 병목을 향해 기어오르고, 송사리들도 작은 공간에서 어지럽게 움직이고 있었다. 다슬기도 나처럼 제가 있을 곳이 아니라는 듯 온 힘을 다해 병목으로 바싹 몸을 밀어 올리는 중이었다.

물바람을 맞으며 빠른 걸음으로 지나치는 얼굴들, 자전거 바퀴가 경쾌하게 굴러간다. 잡풀 사이로 연분홍 메꽃이 '저는 개천가의 파수꾼입니다.'라며 마치 나팔을 치켜들고 있는 것처럼 보였다. 냇가에서 기상나팔을 부는 메꽃처럼 식구들을 깨우던 일상으로 돌아갈 수 없는 나. 문득 물속에 발을 담그고 아이들의 웃음과 섞이는 상상에 빠져들었다.

비가 내리는 병원은 울적하고 음산하다. 병실에서 서로 친숙해졌던 몇몇 사람이 다른 이에게 자리를 내주고 집으로 돌아갔다. 마음이 답답해 1층 로비로 내려가 잠시 앉아있으려니 요란한 경적을 울리며 구급차가 들어왔다. 주변은 삽시간에 웅성거리며 들썩거렸다. 먼발치로 본 환자는 미동이 없다. 응급실 문이 열렸다. 잠시 전에 들어갔던 사람이 하얀 시트에 덮인 채 급히 지나간다. 가족들의 통곡이 주검을 따라나서고 있었다. 그는 천상의 집으로 돌아가는 것인가.

영화 「집으로 가는 길」 평생, 교육에 몸 바쳐온 한 남자가 사고로 병원에서 죽음을 맞이한다. 아내는 척박한 시골에 학교를 세우던 한 남자를 떠올린다. 추억이 깃든 정든 고갯길을 마지막으로 에둘러 집으로 돌아오게 하고 싶다. 아내는 망자에게 예를 갖춘 전통장례를 치르려고 한다. 우리의 풍습과 비슷하다. 인력과 재력이 부족한 상황인데도 고인을 존경했던 마을 사람들은 십시일반 정성을 모은다. 눈보라가 치는 날, 마을 사람들과 제자들은 만장과 상여를 메고 본향으로 향했다. 오래 기억에 남아 있는 장면이다.

나는 식구들의 저녁을 짓기 위해 집으로 가는 길이었다. 돌아갈 수 없는 사고였다면 영원히 집으로 갈 수 없었을 텐데, 아수라장이던 그날이 떠올려질 때마다 고통은 아직 사라지지 않고 있다.

마음에도 지지대가 필요하다. 오랜 병원 생활에 계급장이 늘어난 아주머니가 남겨진 사람들을 위로하고 있다. 그녀는 사고로 큰 수술을 한 게 여러 번이라고 한다. 여섯 달이 지났는데도 아직 불편한 몸이다. 어깨에 삼각 걸이를 하고 다리마저 절게 되어 재활치료를 하고 있다. 안개비가 내리는 냇가를 같이 걸었다. 강아지풀에 빗방울이 송송 맺혔다. 비에 젖은 풀이 바람에 흔들려 옷이 젖는데도 싫지 않다. 지금쯤 항생제를 놓으러 온 간호사가 헛걸음할 시간이다.

한 달여가 지나가는 사이 냇가엔 계절을 바꾸느라 바람의 시간도 바빠졌다. 냇가의 풀도 사람도 활기차 보였다. 어떤 부자(父子)가 바지를 걷어올린 채 물길을 방해하고 있는 찌꺼기를 한동안 막대기로 건져 올렸다. 호기심으로 그들을 바라보았다. 유속을 주저앉힌 불순물을 걷어내자 물의 흐름이 거침없다. 뚫린 것이다. 부자는 서로의 얼굴을 바라보더니 만족한 듯 손을 잡고 징검다리를 건너갔다.

선행한 부자의 모습이 잔향처럼 여운을 남긴다. 군대에

가 있는 아들이 생각났다. 제 아빠와 격 없이 지내던 때가 언제였던가. 머리가 커지면서 '이것 좀 해 주세요.' 하지도 않고, 개구쟁이 때도 기억에서 아스라이 멀다. 아들에게 걱정은 시키지 말아야지, 군대에서 달려오지도 못할 텐데. 식구들은 불편하다고 투정도 부리지 않는다. 섭섭하다. 내 빈자리가 커 보였으면 하는 엉뚱한 생각에 쓴웃음이 난다.

달맞이꽃이 밤의 꽃잎을 연다. 병실로 돌아와 집으로 돌아가는 꿈을 꾼다. 상처를 꿰매고 물리치료를 할 때마다 온갖 불행은 다 안고 있는 것처럼 힘들었다. 하지만 불행 중 다행이다. 걸을 수 있을 만큼 회복하고 있으니.

생각의 강기슭에서 아름다운 부자를 떠올린다. 바람이 다녀온 세상의 소리를 듣는다. 물길을 막고 있는 찌꺼기는 걷어내고 흘러가게 하라고. 두 갈래 길에서 선택된 나는 가족이 있는 집으로 가는 길이었다.

미리 가 본 서기 2031년 어느 날

실내가 잠시 술렁인다. 내빈들이 자리를 메우기 시작했고 맨 앞자리에 앉아 호명을 기다린다. 얼굴에서 땀이 흐르고 긴장된다. 드디어 내 이름이 불린다. 이곳에서 수필등단을 할 때처럼 지금도 들떠 있다. 단상에 올라선다. 수필집과 시집을 상재하고 작품상에 선정되었다. 가족들이 꽃다발을 가슴에 안긴다. 등단 25년 만의 일이다.

지난날의 일기를 읽는다. '에세이 한 권을 출간하고 바닷가로 여행을 갔다. 빈손을 들여다보며 헛헛한 마음이 들었으나 그뿐, 어느새 3년여를

지나쳐왔다. 그 정도 기간이면 두 번째 글을 엮어 세상에 내놓아야 했다.'

문학아카데미에서 글쓰기 강좌를 신청했다. 다시 글쓰기를 재정비해야 했다. 너무 오래 생각하는 습관을 바꾸게 될 강사와의 만남은 신선했다. 매주 한 편의 글을 완성했다. 달라져야 할 시점에서 자신감이 생겼다. 새로운 목소리를 내기 위한 변신이다.

갑자기 노래를 잘 부르게 된 지인이 생각난다.

그는 노래를 근사하게 부르고 싶은 열망이 꿈으로 이어졌다. 지인은 노래방에 가면 꿔다 놓은 보릿자루처럼 한쪽에 치우쳐 있었다. 그런데 몇 년 후에 놀라운 모습을 보였다. 이순에 소수 그룹으로 가요집중 과외를 한 덕택이었다. 3년 만에 그는 「고장 난 시계」를 광장에 모인 사람들 앞에서 당당하게 불렀다. 듣기 좋았다. 노력의 결실이었다.

글쓰기를 재정비한 것은 새롭게 만난 강사님의 열강과 진심 어린 충고 덕분이다. 다작을 할 수 있게 되었고 새로운 시각으로 글의 방향을 달리하는 동안 글이 모였다 그렇게 십 년이 흘렀다. 많은 변화가 생겼다. 5년에 한 번씩 글을 엮는 것이다.

나는 바다를 좋아한다. 파도의 물굽이를 넘을 때마다 바다는 윤슬을 반짝이며 등을 뒤집었다. 파도를 몰고 오는 모습은 한결같지 않았다. 고독한 바다에서 날이 무디어지면 날을 벼르듯이 다시 파도와 맞섰다. 그리고 돛배를 띄워 섬을 돌았다. 바람의 방향을 몸에 잘 받아들여야 하는 돛배가 되어 세상의 파도를 넘는 단단한 마음가짐을 한다.

인생의 섬을 향해 출발하며 독서 목록을 챙긴다. 장 그르니에의 『섬』과 자이베르트 『단순하게 살아라』를 손에 잡히는 곳에 넣는다. 그 외 곳곳에서 만나는 인생 서(書)를 읽기로 했다. 나를 정비하고 깊어지기 위한 준비인 셈이다.

꿈은 멀리 있는 것이 아니다. 어떻게 얼마나 집중하며 천착하는가, 그에 따른 노력에 있는 것이 아닌가.

광화문 연가

전시회를 관람하고 미술관에서 발길을 돌린다. 단풍 든 벚나무 잎이 꽃비처럼 바람에 뒤챈다. 낙엽 태우는 냄새가 좋다. 물들였던 사연을 남기고 자연에 귀의하는 나무의 편지를 줍는다. 손글씨를 주고받던 연둣빛 잎사귀의 아스라한 기억들, 불꽃처럼 타오르던 그 시간을 현상하고 인화해 내 안의 풍경이 된다.

4월은 대학 신입생들에게 연둣빛이다. 쉬는 시간마다 미팅을 주선하는 친구들의 목소리가 요란하다. 나는 잡아끌어도 미팅에 절대 가지 않겠다고 다짐했다. 하지만 친구의 성화에 기어이 허락하고 말았다. 호기심이 생겼다. 못 이기는 척, 미팅에 참석했다.

첫 미팅이다. D제과 2층에는 100개의 기대에 찬 눈동자가 반짝였다. 사회자가 같은 낱말카드를 가진 남녀를 원 안에 불러들여 짝을 정해주었다. 선택한 카드는 knock-three times. 순간에 마주친 노크 소리, 사회자는 이게 웬 운명의 장난이냐고 변죽을 울렸다. 웃음소리가 실내에 가득했다. 가장 키가 크고 우람한 남자와 가장 작은 여자가 파트너가 된 것이다. 단박에 스포트라이트를 받았다.

달아오른 얼굴로 뛰쳐나가지도 못했다. 어쩔 줄 모르고 있는 나와는 상관없이 하이라이트인 빙고 게임은 계속되었다. 그제야 큰 몸집에 가려있던 그의 재치와 하얀 얼굴이 눈에 들어왔다. 숨 가쁘게 이어진 게임에서 우승까지 했다. 긴장이 풀린다. 불편했던 시선에서 벗어났다. 바래다주겠다는 그와 광화문에서 명륜동까지 자연스레 걸었다. 문학 이야기에 보폭을 맞추며 애프터 신청을 흔쾌히 받아들였다.

그와 처음 창경궁 앞에서 만나기로 했던 4월 어느 날, 구두로 약속한 날짜가 요일과 맞지 않았다. 기대하지 않고 일단 나가기로 했다. 그는 약속장소에 먼저 나와 있었다. 창경궁의 '밤 벚꽃놀이'는 어둠과 조명이 합일한 봄의 혼곤

한 춤사위를 펼쳤다. 밤의 화선지에 젊음의 꽃들이 수묵화로 피어났다. 인파에 휩쓸려 다니다 잠깐씩 어색해지면 우리는 문학으로 접속했다. 그의 손에 들려 있던 도스토옙스키의 『죄와 벌』이 눈길을 끌었다. 내가 호기심을 보이자 신이 난 그는 소설 속 인물들을 끌어냈다. 그의 부드럽고 조용한 음성에 실린 죄와 벌의 의미가 새롭게 다가왔다. 많은 인물과 복잡한 내용이 내 주위를 맴돌았다. 그 덕분에 교양과목의 독후감 과제는 A플러스를 받았다. 그 후, 그가 읽었다는 책들이 다음 약속을 이어갔다.

일과처럼 그는 손편지를 날렸다. 그의 글을 읽으며 내면에 다가갈 수 있어 좋았다. 날카로운 글씨체도 곧은 마음처럼 느껴졌다. 편지가 줄지어 날아왔다. 겉봉에 일련번호를 적어 상자에 소중하게 넣었다. 글 속에서 봄이 열리고 잎이 무성한 푸른 시간이 채색되어 갔다.

그가 예쁘다고 했던 하얀 블라우스를 입고 달빛 언덕을 오른다. 학교 근처 좁은 골목으로 들어서자 유럽풍의 카페들이 마주하고 있다. 밖으로 흘러나오는 세레나데의 달콤한 음역을 지나친다. 양고기 굽는 냄새가 거친 돌바닥에서 올라오는 밤공기를 데운다. 라일락 향기가 섞인 밤은 넉넉하고 향긋하다. 손전화가 없던 시절, 우연히 달려 가보면 그는 '테라스 카페'에 있었다.

사각 탁자에 턱을 괴고 그를 바라본다. 물병자리의 별빛이 그의 눈 속으로 옮겨와 출렁인다. 늘 어깨에 메고 다니던 세고비아 기타를 꺼내든 그가 「사랑의 아랑훼스」를 연주한다. 현의 울림은 밤공기에 녹아들어 사람들 가슴에 별이 뜬다.

노천카페를 향한 걸음은 한동안 계속되었다. 긴 머리를 손으로 정돈하고 다시 돌계단을 오른다. 우리가 앉았던 자리에서 반짝이는 눈빛으로 그가 반긴다. 가스등 불빛에 라임색 벽이 밤의 빛깔로 되살아난다. 우리의 이야기가 골목안 구석구석에 스며든다. 샐러드를 입에 넣어주던 손길에 밤의 모서리는 부드럽게 매만져진다. 카페의 가스등이 꺼질 때쯤에야 달빛 언덕을 내려섰다.

길목마다 단풍이 물들었다. 유난히 고궁의 단풍이 고왔다. 팔작지붕을 인 전각의 우아한 멋에 매료되었고 수선스럽지 않은 그곳이 좋았다. 궁궐에는 고귀함과 단아함이 스며있다. 너른 잔디밭을 거닐며 왕들의 이야기가 바람결에 실려 와 옷깃을 적셨다.

휘어진 덕수궁 돌담의 곡선이 가을의 무늬를 그릴 때였다. 그즈음, 한 사람의 마음도 낙엽을 떨구는 중이었다. 우연히 그가 다른 여자를 만나고 있다는 이야기를 들었다. 삼류 소설의 주인공처럼 남루해진 채, 낙엽이 바람을 타고 추락을 반복하는 거리를 걸었다. 지난 시간이 뿌옇다.

함께 걷던 아름다운 길 위에 첫눈이 흩어진다. 코트 깃을 세워도 한기가 든다. 크리스마스를 앞두고 그에게서 편지가 왔다. 낯익은 글씨체였다. 하지만 뜯어보지 않았다. 대신 결별의 편지를 썼다. 이유 따위는 설명하지 않았다. 눈꽃을 밟고 가라는 말도 하지 않았다. 그동안 받았던 편지를 꺼내 함께 태웠다. 기타연주로 들려주던 「사랑의 아랑훼스」처럼, 함께 들었던 이브 몽탕의 「고엽」, 에디트 피아프의 「장밋빛 인생」이 뒤섞여 연기로 사라져갔다.

봄은 다시 건너오지 않았다. '광화문 연가'는 그렇게 끝이 났다.

영목항에서 길을 묻다

길 없는 길 앞에서 아득해질 때가 있다. 미루었던 여행을 떠났다. 서해대교를 건너는 동안 체증이 가라앉는 듯하다.

신진항을 첫 경유지로 정했다. 물살에 어깨춤을 추는 어선들, 주변에는 갈매기들이 환호의 날갯짓을 한다. 그림 같은 하늘과 포구가 선명하게 살아있다. 아이들의 어린 시절, 새우깡으로 갈매기들과 소통했던 언젠가의 기억이 떠오른다. 갈매기 울음을 새기며 함께 날아오르던 아이들의 바다. 여행지는 꼭 새로운 곳이 아니어도 좋다.

아름다운 추억이 다시 우리를 불러들이기도 하니까.

안면암의 이정표를 따라 차를 세웠다. 작은 섬들 사이로 물이 들어오면 수면 위로 떠오른다는 부상탑이 보인다. 나는 바다가 내려다보이는 그늘에 앉았다. 그는 나무 조각으로 엮인 출렁다리를 걸어 썰물의 바닷길로 향했다. 그는 무엇을 기원하고 왔을까. 밀물이 들어오고 있다.

지도를 펼쳤다. 보령보다 아래쪽에서 거슬러 온 셈이다. 이제 보령 오서산 휴양림으로 가기 위해 영목항에서 보령해저터널을 통과할 예정이다. 내비게이션에 목적지를 입력했다. 예정대로라면 30여 km의 길이다. 그런데 차 안의 똑똑지 못한 나처럼 내비게이션이 길을 잃었다. 우리는 라비린스(labyrinth)에 갇혔다. 가려는 길로 방향을 틀면 내비게이션은 육지와 바다, 사잇길을 두고 숨 가쁘게 유턴만을 연발한다. 새로 난 바닷길이 업데이트가 안 된 이유였다. 되돌아가려면 90㎞의 길이다.

남편은 다른 사람에게 절대 길을 묻지 않는다. 늘 그게 못마땅했다. 몇 번 다투고는 포기했다. 고집을 꺾지 않으니 정말 난감하다. 어쩌다 길을 놓칠 때면 여행은 엉망이 된다. 전에도 이런 일들을 겪곤 했다. 영월 청령포 가는 도중에 같은 구간을 들락거리느라 진이 빠졌다. 주유소를 찾아갈 때도 그랬다. 문학관 입구에서는 헤매다가 입장 시간을 놓쳐 차를 돌려야만 했다.

늦더위에 사람들 모습이 보이지 않는다. 남편이 길을 묻겠다고 가게 앞에 차를 멈춘다. 낯선 모습이다. 마침 가게에서 나온 주민에게 길을 물을 수 있었다. “이 길로 쭉 가면 해저터널이 연결돼유.” 충청도의 느릿하고 정겨운 사투리에 그제야 마음이 놓인다….

영목항에서 다리를 건너면 터널로 이어지는 길이다. 바닷속 경치를 보며 해저터널을 달리는 것은 영화에나 나오는 상상 속 이야기다. 11년간 공사를 했다는 약 7km 구간의 터널은 작은 기적이다. 절대 이어지지 않을 육지와 섬에 바닷속을 지나 길이 생겼다니.

마음에도 해저터널이 있다고 생각한다. 물살을 견디며 버틴 구간이다. 알 수 없는 일들을 마주할 때마다 기적이라는 구간을 통과했다. 어떤 때는 남편의 생명을 여러 번 놓칠 뻔한 절박한 상황을 겪었다. 기적 같은 그 길에서 얼마나 많은 힘겨루기를 하며 눈물을 흘렸던가.

지난밤 남편과 많은 이야기를 나눴다. 결혼을 망설이느라 좁아지고 끊길 뻔했던 길에 대하여. 삶의 희망을 저어갈 수 없던 수많은 길들, 서로에게 새로운 길이 되어 지난했던 라비린스를 벗어났다. 멋진 동지애를 느끼며 그의 팔베개를 한다.

멀리 휴양림 안내 표지판이 보인다. 이야기가 만든 길을 따라 마음의 휴양림으로 들어서는 중이다.

감나무가 있는 풍경

라디오 다이얼을 돌린다. 너울대던 잡음들이 나훈아의 「홍시」를 만나고야 잠잠해진다. 다시 볼륨을 높인다.

시골에 빈집이 헐릴 때마다 빈터를 지나는 바람의 길이 넓어진다. 시댁은 집성촌이라 일가붙이들의 애경사가 잦았고 종갓집이라 마음 쓸 일이 많다. 형님을 따라 들일에 나설 때였다. 낯가림으로 형님 옷자락을 붙들고 서성거리면 어느결에 투박한 손이 먼저 와 덥석 잡으며 반겼다. 일꾼의 밥사발에는 하얀 쌀밥이 수북하게 담겨 있었다. 순식간에 밥 한 톨 남기지 않는 것을 보니 철없이 웃음이 나왔다. 곁에 있던 아주머니가 일꾼들은 밥심으로 사는 거라고 내 웃음에 답을 한다. 새참을 내가면 품앗이하던 사람들끼리 논두렁에 털썩 주저앉아서 큰 양푼에 수저를 꽂아 밥을 먹었다. 내게도 수저를 들려주는데 어색하고 난감했다. 한 해, 두 해 시댁의 문지방을 넘으면서 정이 쌓이고 종갓집 막내며느리로 스스럼없이 불린다.

그 많던 이웃이 떠나갔다. 들녘에서 마주하면 등을 도닥여주시던 어른들의 온기가 그립다. 사람들의 목소리가 넘쳐나던 고향, 어머님이 들녘에서 굽혔던 허리를 펴고 집으로 돌아오던 그림자가 눈에 밟힌다.

추석날은 가지가 휘청거릴 만큼 매달린 감으로 동네가 밝았다. 대청마루에 주렴처럼 곶감이 걸리고, 추수가 끝나기 무섭게 늙은 어머니들의 소원을 이뤄야 할 채무가 자식들에게 부담이었다. 이 집 저 집 서둘러 노총각들이 일손을 내려놓고 신방을 차렸다. 늦가을부터 골방에서 가마니를 치는 농한기가 결혼 시기였다.

오래전 우리의 결혼도 겨울의 초입, 11월이었다. 해를 넘기지 않으려는 부모님의 마음을 무던히 애태우고 남편도 노총각 딱지를 뗐다. 온종일 잔치로 마을이 들썩이고 그 반영에 흥이 난 사람들은 홍시처럼 불콰해졌다. 낯선 하루가 저물어갔다. 시댁에서 보낸 첫날 밤은 쌀쌀한 바람을 장지문이 막아내고 있었다. 막막한 곳에서 기댈 사람은 남편뿐이었다. 한 겹의 창호지가 긴 겨울을 지켜낼 줄 미처 몰랐다. 빛바랜 창호지, 살아오는 동안 벌판의 바람을 온몸으로 막아낸 그 바람막이가 남편이었다.

뒷문을 열고 앉으면 바람의 소통이 잘 되어 어느새 땀을 식혀주었다. 뒤꼍의 감나무에는 늘 튼실한 감이 열렸다. 하얗게 분이 난 곶감을 재워 제상에 올리곤 했다. 종갓집이라 제 할 몫을 아는지 고목이 되어서도 탐스러운 감을 붉게 익힌다. 장독대에 감잎이 떨어지기 바쁘게 어머님은 주변을 쓸고 닦으셨는데. 비 온 뒤의 뒤뜰은 감잎으로 어수선하다.

붉은빛이 다 차오르면 감은 신의 손에서 인간의 손으로 전해질 때가 된 것이다. 이때 수확하지 못하면 우듬지에서 말라버리거나 바닥에 떨어지고 만다. 모든 일은 마무리에 있다.

이제는 감꽃이 피고 지고 붉은 감이 매달려도 감을 딸 일손이 없다. 떠나간 사람들이 두고 간 마음의 얼룩이 빈집 곳곳에 배어있다. 지난 기억들이 허물어진다.

터널의 속도

햇살에 눈이 부셨다. 선글라스를 썼다. 터널로 빨려 들어가는 순간, 나도 모르게 오른발로 힘껏 브레이크를 밟았다. 운전은 남편이 하고 있는데 말이다. 앞에 있는 차와 부딪힐 것 같아서였다. 왜 전조등을 켜지 않았느냐고 남편을 나무랐다. 그러자 라이트를 켠 게 보이지 않느냐고 오히려 반박이다. 선글라스 쓴 것을 깜박 잊고, 터널로 진입하면서 갑자기 어두워지자 스스로 놀란 것이다.

강원도로 향해 가는 길이었다. 터널을 통과할 때마다 내비게이션에 나타나는 속도계는 번번이 제로의 눈금을 가리켰다. 무심했던 일이 그제야 생각났다. 생각도 제로에 머문다는 것을.

터널 속에서는 오직 전조등만이 길을 안내했다. 하지만 가물거리는 빛은 나를 위로하지 않았다. 학창시절, 완행열차의 흔들리는 창에 달라붙은 검은 군상들이 터널마다 따라왔다. 떨어져 지낸 가족과의 5년은 헤어짐에 대한 두려움으로 다가왔다. 그건 때로 결핍이었고 슬픔이었다. 그렁그렁한 눈물을 매단 채…. 그래도 시간이 지나가면 엄마의 품속으로 뛰어들 수 있었다. 그저 기다림에 충실하면 되었다.

전조등을 켜지 않은, 분실된 기억을 통과한다. 남편은 자신의 건강에 전조등을 켜지 않아 빛의 외곽으로 벗어나고 있었다. 3개월의 시한부 삶을 지켜보는 것은 고통의 터널에 갇힌 느낌이었다. 그 터널의 끝에 희망이 기다리고 있는지도 알 수 없었다. 그는 아이들의 눈망울을 잃지 않으려고 캄캄한 터널에서 직진만을 생각했다. 외롭고 힘든 터널의 속도에 온 힘을 쏟아 가속 페달을 밟느라 애를 쓰고 있었다. 긴 시간을 지나 희미한 불빛을 더듬어 마침내 그는 고통의 터널을 통과했다.

깊은 산의 터널을 지나가고 있다. 누구도 터널 속에 보이지 않는 속도가 흐른다는 생각은 하지 않을 것이다. 제로의 속도로 감춰졌을 뿐, 사십을 갓 넘긴 내가 터널 끝에 서 있었다. 다행히 터널의 끝에 빛이 보이기 시작했다.

조우(遭遇)

빗방울이 초록의 기억을 새긴 숲,
방목의 버섯들이 우산을 펼치고.
빗소리의 포자들은 초록을 밟고 너에게로 향한다.
우리 어디서 만난 적이 있던가.
상긋하고 영롱한 물방울로 다가와 마음을 겹치는 순간을 맞는다.
우리의 시간이 흐른 후, 빗소리 들리면,
나는 깨어나 너인 줄 알고 기꺼이 초록 우산을 준비하리라.

2

흰소를 만나다

성산포에서는/ 그릇에 담을 수 없는 바다가/ 사방에 흩어져 산다

-『그리운 바다 성산포』 중, 풍요(일부)

내게 제주는 환상의 이어도다.

첫 번째 제주도 여행은 70년대 초, 여고 2학년 때다. 여섯 학급의 담임선생님들이 각서를 쓰고서야 제주까지 수학여행을 갈 수 있었다. 선생님들의 열린사고 덕분이었다.

처음 나섰던 뱃길은 뱃멀미로 기억된다. 목포

에서 출발한 지 한 시간도 지나지 않아 여객선은 거센 풍랑에 시달리기 시작했다. 우리가 배정된 3등 칸은 배 밑바닥이라 파도의 힘을 고스란히 받고 상하좌우로 끊임없이 흔들렸다. 처음 겪는 극심한 고통이다. 어디로도 피할 수 없다는 사실이 더 극악하다. 파도를 탈 때마다 가지런히 벗어놓은 신발은 어디론가 휩쓸려 가버렸지만 거기까지 신경 쓸 여유가 없었다. 서로의 몰골을 보고 있자니 진저리가 날 지경이었다. 시원한 공기라도 마시면 나을 듯하여 갑판으로 나갔다. 순간 우리는 중심을 잃었다. 우리를 보살펴야 하는 선생님들도 예외는 아니었다. 누군가 영어 선생님의 옷자락을 잡았다. 늘 근엄하던 도수 높은 안경은 어디로 갔을까. 물에 젖어 더듬거리는 선생님 모습이 눈에 띄었다. 한동안 서로의 등을 두드리며 몸부림을 치고, 세상 밖으로 내던져진 듯 머릿속이 빙빙 돌았다. 번뜩 파스가 생각났다. 어머니는 멀미에 파스가 직방이니 배꼽에 붙이고 가라고 했다. 파스라도 붙였더라면…. 아무것이나 닥치는 대로 움켜잡고 파고를 견뎠다. 물귀신처럼 서로를 붙들고 겨우 객실로 돌아올 수 있었다.

뱃고동 소리가 하선을 알렸다. 결국 나의 신발은 찾을 수 없었다. 코발트 빛 바다의 모래사장을 걸으며 온갖 낭만에 젖어보겠다며 챙긴 슬리퍼를 신고 드디어 섬에 발을 들여놓았다. 다행히 담임선생님께서 다음 목적지로 이동하기 전에 신발가게를 발견하고 운동화를 사주셨다. 다감한 배려에 가슴이 따뜻해졌다.

천지연 폭포 아래로 내려갔다. 우렁찬 폭포 소리와 떨어지는 물방울을 맞으며 뱃멀미의 고통을 지우고 몸이 개운해졌다. 젊음은 순간순간에 충실한 것인지도 모르겠다. 때론 '이유 없는 반항'으로 어른들을 걱정시키기도 하고. 그새 낯선 섬에 풍덩 빠져들어 서로의 웃음소리로 행복에 도취할 수 있었으니.

이튿날은 한라산 중턱까지 강행군이다. 한숨 돌릴 무렵 먹구름이 앞장서더니 금세 세찬 빗줄기를 쏟아내기 시작했다. 그 바람에 정상에 오르지 못했다. 그 이후로 한라산과는 인연이 잘 닿지 않았다. 돌아오는 날은 바다가 잔잔했다. 하지만 육지에 내리면서 다시 배를 타지 않을 것을 다짐했다. 다시 간다면 비행기를 타고 하늘을 날아가야지. 항공편으로 제주로 간다는 건 로망이다.

두 번째 제주 여행은 결혼 10주년 기념이었다. 신혼여행 때는 남편의 신분증 분실 때문에 제주 여행은 취소되었고 10년이 지나서야 다시 일정을 잡았다. 연초부터 계획했지만, 번번이 기회를 놓치다가 11월에 철새처럼 제주에 도착했다. 남태평양의 환상의 섬을 꿈꾸듯. 알 수 없이 바뀌는 그곳 날씨처럼 남편이 복통을 일으켜 모든 일정을 접고 호텔로 들어왔다. 침대에 배를 깔고 이생진의 『그리운 바다 성산포』를 밤새 읽었다. 고독한 시간과 아픔 속으로 성산포의 파도 소리가 사방에서 출렁거렸다.

세 번째의 제주 여행은 홀가분했다. 시문학 동인끼리 바람과 파도를 보러 간 길이었다. 가는 곳마다 시를 써낼 듯 아름다운 섬에 매료되었다. 그중에서 이중섭거리와 이중섭 미술관을 보기로 한 건 모두의 의견이었다.

그가 살았던 곳은 섶섬이 보이는 작은 집 과방이라고 했던가. 그들 가족이 세든 방은 어른 둘이 누워도 좁아 보였다. 물질의 결핍을 넘어선 사랑. 그 속에서 그의 아내 남덕과 천진한 아이들이 환희의 세계로 길을 열었을 것이다. 이중섭의 가족들이 겪어온 시대의 아픔과 가난, 기쁜 일보다 슬픈 일은 소리 없이 다가와 잡고 있던 일상의 수평선을 허물어뜨리고 간다. 힘든 상황이 오면 주저앉기부터 했던 나를 반성하게 한다. 이중섭은 '흰소'를 통해 역동적인 모습으로 내게 다가왔다. 뛰쳐나갈 듯한 그의 투지도.

이중섭의 거리, 그가 가족을 향해 넘어오는 언덕에 그의 숨소리와 그의 예술이 그 거리를 촘촘히 수 놓았을 것이다. 제주의 바람 소리에서 그렇게 느꼈다. 벌거숭이 아이들을 은지화에 그려낸 그의 사랑이 얼마나 행복을 갈구하는지 눈물이 났다. 때로는 행복해지려고 꿈을 꾸듯 몰입했을 화가. 이중섭. 은지화는 행복을 풀어내는 방식인 듯 보였다. 안식이었을까. 덩달아 벌거숭이 아이들을 잡고 빙빙 돌고 있는 나를 발견했다. 은지화는 궁핍한 생활에서 얻어진 지혜일 수 있겠으나, 예술가로서 새롭고 독특한 스크래치 화법을 추구했을 것이라는 지론에 같은 생각이다. 이중섭 작가의 작은 방을 돌아보며 내 가난한 마음이 무엇을 해야 할지 일깨웠다.

서귀포에서 '안덕계곡' 지명을 듣자마자 고등학교 수학여행을 떠올렸다. 인솔자가 추억의 장소로 안내하겠다며 안덕계곡으로 길을 되짚어갔다. 제주도에 처음 갔을 때, 함께 뱃멀미했던 영어 선생님의 이름과 비슷해서 여태 잊히지 않는 안덕계곡. 옥양목처럼 하얀 시간이 눈앞에 파노라마를 펼쳤다. 교복에 선글라스를 끼고 어쭙잖게 멋을 부리며 억지로 올라선 단애에서 미끄러질 뻔했던 순간과 사라졌던 우리의 웃음소리를 소환했다. 친구들의 목소리와 고통으로 잊히지 않던 뱃멀미마저도 기억에 물려 출렁인다.

수만 년의 시간이 흘러간 곳에 내 발걸음이 머물렀던 꽃잎의 시간이 어디쯤 닿아 결을 덮었을까. 선사시대의 알몸을 맞이했던 나는 또 한 번 그곳에 발을 담갔다 돌아섰다. 애절함과 천진한 작가의 마음이 물방울처럼 살포시 가슴으로 흘러든다.

은지화의 반사로 따뜻했던 제주 여행, 제주는 작은 어려움으로 길을 잃을 때마다 강한 눈길의 흰소를 불러내곤 한다.

너에게로 가는 길

행복은 어렵다고 생각할수록 행복과 멀어진다.

골목에는 밤안개가 짙다. 쉽사리 공연장이 보이지 않는다. 볼프강 아마데우스 모차르트 뮤지컬을 보기 위해 혜화동으로 들어선다.

동공이 커진다. 낯선 골목길이 점점 눈에 익는다. 학교 준비물과 군것질거리를 팔던 문방구가 아직 그 자리에 있고 간판도 옛 이름 그대로다. 반가워 가슴이 뛴다. 발걸음을 재촉한다. 서둘러 오느라 저녁을 먹지 못했는데 공연시간까지 여유가 있어 근처 식당에 들어섰다. 우연하게도 이곳은 할머니와 사촌들이 살던 기와집이 있던 곳이다.

할머니는 손주들의 학업을 위해 정든 고향을 떠나오셨다. 손바닥만 한 땅에 터를 잡은 할머니의 서울 생활은 답답하셨을 것이다. 어느 날부터 자투리땅에 벽돌로 경계를 쌓고 담장에 바짝 붙여 키 작은 꽃들을 심으셨다. 새벽이 당도한 꽃밭은 분홍, 보라, 흰색의 나팔꽃이 줄을 타고 부지런히 기상나팔을 불었다. 넝쿨장미가 울타리를 넘어서는 계절이면 길 가던 사람들이 울안을 기웃거렸다. 쪽마루에 엎어놓은 하얀 고무신은 할머니처럼 정갈했고 꽃들이 피고 피는 집은 늘 화사했다.

골목은 할머니 댁에서 뻗어 명륜동 우리 집으로 이어졌다. 할머니가 오르내리며 이야기보따리를 싸 들고 오시는 길이다. 유독 금가루가 반짝이듯 은행나무가 골목을 물들이던 안길이다.

골목 안에 살았던 시간이 뿌옇다. 계절을 가장 선명하게 기억하는 길, 은행잎이 바람에 몸부림치는 저녁에는 미끄러지듯 집으로 달려가곤 했다. 어두운 골목에 들어서면 왜 불길한 생각이 뒤따라오는지 모를 일이었다. 마음이 급해졌다. 대문 문고리를 거칠게 흔들어댄다. 웬 수선이냐며 어머니가 방문을 연다. 별일 없는 것이다.

어머니는 아이를 많이 낳은 탓인지 늘 아프셨다. 여섯째 동생을 낳고 산후풍을 얻어 문밖출입을 못했다. 일어설 수조차 없었다. 그 모습이 너무나 안타까웠다. 그러다 어떤 약의 효험인지 막내를 낳고 몸을 추슬러 기적처럼 걷게 되었다. 집에는 다시 웃음소리가 넘쳐났다. 늦둥이 막내가 태어날 때 나는 고등학교 1학년이었다.

복개된 길을 파헤치듯 마냥 딱지를 들썩이면 아픈 시간이 들쑤시듯 일어난다. 청계천이 복원되듯이 내 안의 아픔도 낫길 바라지만 영원히 치유될 수 없을 것 같았다. 우리는 명륜동 1가 33의 60번지에서 푸르게 피었다가 노랗게 단풍이 드는 시간을 오래 기억하며 살았다.

큰언니를 그곳에서 잃고 우리는 이사를 했다. 골목길은 꿈에서 맞닥뜨리면 막다른 담장 옆에서 끝나있다. 그 골목에는 행복의 시간이 그냥 쑥 밀고 들어왔다. 나는 아직 결혼 전의 모습이고 나이를 알 수 없는 우리 남매들이 모여있다. 큰언니의 농담도 언제나처럼 살아있다. 그리고 꿈을 깬다.

한동안 그곳의 골목을 닫아두었다. 대학로의 연극이나 뮤지컬 공연을 무수히 관람하러 다녔으면서도 인접해 있는 명륜동 집 쪽으로는 발걸음을 뗄 자신이 없었다. 길은 가지를 뻗은 골목으로 이어져 있다. 그 가지를 뚝 잘라내듯 혜화동 로터리를 지나치면서도 정작 그 골목을 외면한 것이다.

골목에는 새로운 희망이 들어서 있다. 문득 내가 살았던 집이 보고 싶었다. 단독주택에서 다세대주택으로 변한 곳에서 발걸음이 뚝 멈춘다. 분명 그곳이다. 게스트하우스인 것 같다. 2층 층간에 쓰여 있는 'Everything is going to be alright(모든 것이 잘 될 거야.)'라는 문장이 회오리치듯 가슴에 들어와 박힌다. 오랫동안 힘들었던 시간을 걷어내는 순간이다. 은행나무는 베어졌지만, 은행나무가 품고 있는 시간이 영글어 은행을 매단다. 열매를 싸고 있는 냄새를 벗겨내야 은행의 속살을 얻는다. 나에게 내가 살아온 시간 속 공간을 안내하며 이제야 나는 자신 있게 이 골목으로 추억의 가지를 뻗어간다.

아픔을 외면한다고 기억이 사라지는 게 아니다. 차라리 정면돌파를 생각해야 한다. 무서운 동물을 만나서 대적할 때 강한 눈길로 상대의 속마음을 직시하면, 해태가 막아선들 그 길을 통과하지 못하겠는가. 깨알 같은 웃음소리가 배접해 있는 명륜동 골목길을 뒤로하고 총총히 모차르트의 생을 만나러 간다.

길은 끝나는 곳이, 다시 시작해야 할 시점이다.

수요일의 마중

매주 수요일은 어머니를 만나러 간다. 어머니는 귀가 어두워져서 출입문의 비번 누르는 소리를 듣지 못한다. 현관에 불빛이 들어오면 누가 오는지 알아챈 어머니가 소파에서 몸을 일으키며 반색하신다. 지난주에는 집안에 일이 있어 여러 번 찾아뵈었다. 하루를 건너서 보는 딸을 일주일 만에 만난 거라고 착각하신다. 신을 벗자마자 언제 또 올 거냐고 묻는다. “수요일에요.” 재차, 물으며 “수요일이지”, 확인하신다. 그래도 나와 만나는 수요일은 잊지 않으셨다.

우리집은 딸이 여럿이다. 어머니는 가끔 딸의 얼굴과 이름을 혼동하신다. 바로잡아 보려고 애쓰다가 마는 날도 있다. 기억을 놓칠 때면 편지를 읽어 주듯이 이야기를 꺼낸다. 꽃같이 아름다웠던 어머니를 만나러 추억의 물가로 앞장선다.

우리는 요일을 정해 각자의 몫으로 어머니를 만난다. 손끝이 맵고 알뜰한 여섯째 동생은 어머니 식사와 목욕을 맡고 있다. 요즘에는 내가 잘라주던 머리 손질도 동생이 한다. 아픈 큰딸을 배려하신 어머니가 지시한 것이지만 동생에게 미안하다. 막내딸은 직장 때문에 자주 오지 못한다. 오랜만에 찾아온 막내딸을 알아보지 못하고 손녀와 혼동하기도 한다. 그런 날은 마음이 아프다. 막냇동생의 마음이 더 아플 것이다.

늘 기도방에 촛불을 켜며 묵주기도로 하루를 여는 어머니. 이제는 단지 기억을 놓지 않으려고 묵주를 돌리신다. 수요일에는 큰딸과 묵주기도 할 생각에 작은 소망으로 기다리신다. 내가 선창을 하면 늘 잊었던 기도문이 되살아난다. 자식들의 건강을 기원하고 지인들을 위한 기도 소리가 방안을 채운다. 두어 시간의 기도는 어머니의 얼굴을 환하게 하고 내게도 축복의 손길이 닿는다. 오래전 어머니의 대모

님도 그렇게 다른 이들을 위해 기도하셨다.

어머니의 기억이 희미해진 날은 꿈속이 어지럽다. 최근에 어머니와 동갑인 외숙모님과 동생의 시어머님이 소천하셨다. 윤달에 함께 만든 수의를 외숙모님이 먼저 입으셨다. 걱정스럽게도 이승을 떠났던 사람들이 어수선하게 넘보다가 사라진다. 그러면 당장 어머니의 아침이 궁금해지고 가슴이 두근거린다. 어머니가 아직은 우리 곁에 계시겠다는 약속을 깰까 봐 뒤숭숭해지고 일찍부터 전화기를 들고 만다. 어머니의 살결에 내 손을 얹어 볼 시간이 촛불처럼 녹아 똑똑 떨어진다. 아득하다.

요즘에는 수요일 약속을 지키지 못하고 있다. 오래전부터 발목에 이상 징후가 있었다. 아플 때마다 병원을 찾고 진통제를 십여 년간 복용했으나 퇴행성관절염은 낫지 않았다. 어머니가 무릎관절 수술을 했던 때가 엊그제 같은데, 내게 세월이 머리를 휘날리며 달려와 있다.

연골 재생 수술을 결정했다. 어머니와의 약속이 맘에 걸렸지만, 동생들은 걱정하지 말라며 수술을 독려했다. 수술은 잘되었다고 하니 다행이다. 재활의 시간을 어떻게 건너갈까 걱정이 앞선다.

수술하고 난생처음 휠체어를 탔다. 남편은 서툴고 나는

무서웠다. 어머니는 이십 년 가까이 휠체어 생활을 하신다. 그동안에 수없이 모서리에 부딪히고 넘어지기를 얼마나 많이 했을까. 내 전화를 받으러 일어서다 크게 다치셨다. 잠금장치를 깜빡했다가 쓰러져 일어서지 못해 한동안 고생하셨다. 나 때문이었다. 수시로 걸던 전화를 망설이게 된다. 내가 어머니의 입장이 되어보니 물 한 모금 마시는 것도 남의 손이 필요한 상황이다. 특히 밤에는 잠을 깨워야 하기에 무척 망설이게 된다. 딸은 싫은 내색을 하지 않고 내 시중을 받아준다. 미안하기 그지없다.

어머니가 무릎관절 수술을 할 때 번갈아 식구들이 시중을 들었다. 간혹 선잠이 드는 바람에 어머니의 부름을 미처 듣지 못할 때도 있었다. 쉴 사이 없는 어머니의 잔심부름에 짜증이 난 적도 있었다. 수술로 인해 불편함을 겪게 되자 그 심정이 와 닿는다. 어머니께 죄송한 마음이 들고 눈물이 핑 돈다.

내가 지켜야 할 약속을 다른 동생들이 덤으로 하게 되었다. 자주 돌보던 동생도 최근에 코로나19에 걸리고 자식들이 들여다보지 못한 시간의 간격이 생겨났다.

한동안 못 뵈었다가 페이스톡으로 어머니를 만났다. 나를 잊어버리셨다. 언젠가 본 영화, 장예모 감독의 「5일의 마중」

이 오버랩된다. 문화대혁명의 시기, 반동으로 낙인찍혀 펑안위(공리)와 루옌스(진도명)는 가슴 아픈 이별을 한다. 루는 체포되었고 그때 머리를 다친 펑은 심인성 기억상실증을 앓는다. 세월이 흘러 사면을 받은 루는 5일에 집에 간다는 편지를 보낸다. 이미 커버린 딸은 아빠의 부재에 대한 원망이 가득 차 있다. 아버지를 고발하고라도 발레의 주인공이 되고 싶었던 딸, 단단은 후회하며 아버지와 화해를 한다. 그런 가족의 곁을 묵묵히 지킨 루, 오늘도 펑은 달력에 동그라미를 친다. '5일에 루 마중'

주인공 펑에게 시간은 흐르지 않고 멈췄다. 펑은 반백이 된 남편을 알아보지 못한다. 그녀가 기억하는 5일 마중, 피켓을 들고 남편 루를 마중하러 나갔다가 매번 허탈하게 돌아온다. 눈보라 속에도 남편을 마중하러 역에 나가는 아내의 곁을 남편이 따라나선다. 그녀는 5일마다 루의 이름을 쓴 피켓을 들고 '5일의 마중'을 하는 것이다. 자신의 이름을 쓴 피켓을 든 아내의 곁에서 자신을 기다려주는 마음은 어떤 기분일까. 다가갈 수 없는 아내의 성은 단단하다.

어머니께 가지 못하는 수요일이 길어지면 큰일이다. 누구니?라고 할까 봐 조바심이 난다. 이러다 펑처럼 수요일의 마중을 하면 어쩌나.

약속은 앞으로의 일을 어떻게 하겠다고 미리 정하는 거라고 한다. 어머니는 오래 우리 곁에 계셔야 하고 나는 어서 건강을 회복하여 수요일 약속을 지켜야 한다. 로사리오 기도를 엮어 성모마리아께 장미꽃을 바쳐야 하니까. 어머니와 나는 곧 다시 만날 것이다. 어머니가 '큰애야 어서 와', 내 이름을 불러줄 것이다.

땀을 흘리지 않으면 아무것도 이룰 수 없다. 우리를 위해 흘린 어머니의 땀과 아파했던 지난날. 어머니가 우리를 보살펴 온 시간에 대해서 무슨 말이 필요할까. 어머니의 땀이 눈물이었음을. 우린 아직 멀었다.

일곱 개의 반지

친정어머니께서 다른 도시로 이사를 하게 되었다. 지금 살고 있는 집은, 근처에 숲이 있어 좋고 우리 남매들이 어머니를 뵈러 가기도 편리한 위치에 있다. 하지만 계단이 많아 연로해지신 어머니가 오르내리기 불편하다. 몇 년 전부터 자꾸 편찮으셔서 걱정이 많았는데 남동생이 인근 도시에 분양받은 아파트로 옮기게 된 것이다.

방과 거실에는 크고 작은 보따리들이 여기저기 쌓여 있다. 이사하는 날이 가까워지고 있어서다. 버릴 것과 가져갈 것을 분류하는 일이 이만저만

큰일이 아니다. 어머니가 살아오신 세월만큼 묵은 살림살이가 많다. 휠체어에 앉아계신 어머니는 당신이 직접 정리하지 못해 노심초사다. 딸들이 부지런히 내다 버리는 것이 마음에 들지 않는 것이다. 낮은 한숨과 함께 혼잣말이다. 저것들, 내가 정리해야 하는데….

어느 날 어머니에게서 전화가 왔다. 이사하기 전에 우리 남매들에게 반지를 해 주고 싶다는 것이다. 동생들에게도 연락해서 손가락 치수를 알려달라고 했다. 며칠 만에 정련된 시간을 거친 은반지가 상자마다 이름표를 달았다. 오래전 잃은 큰딸 대신 살갑게 얻은 수양딸의 몫까지 일곱 개의 반지를 마련하신 것이다.

어머니는 구순의 언덕을 넘으셨다. 자주 응급실로 실려가면서 마른 풀처럼 몸이 가벼워만 진다. 휠체어에 앉아 땅을 밟아본 지도 여러 해가 지났다. 그런데도 자식 걱정에서 헤어나질 못한다. 자식을 위한 기도를 오래 하지 못할까 두려움이 크다. 은반지는 당신의 기도처럼 우리를 지켜줄 거라는 생각이 드셨나 보다.

신성한 빛이 언제 머물렀던가. 결혼예물로 받은 다이아몬드 반지를 상자에 넣어두고 열어 보지 않은 채 상자 위로 시간의 먼지가 내려앉았다. 어느 날 어머니가 오팔 반지를 건넸을 때도 반지를 끼는 것이 번거로워 받아두기만 했다. 보석에 잠시 마음을 기울여보다가 그만두고 한동안 잊고 있었다. 어머니는 당신이 평생 지녔던 것들을 우리에게 모두 나누어주고 텅 빈 보석 상자에 날마다 묵주의 기도를 채우고 있다.

나쁜 기운을 막아줄 거라며 외조부님이 어머니에게 마련해주셨다는 은가락지. 그래서인지 어느 날부터 어머니는 우리에게도 은반지를 해 주고 싶어 했다. 마지막 선물을 마련하고 싶으셨던가 보다. 은이 살균작용을 한다고 본초강목에도 적혀있는 걸 보면 외조부께서는 그렇게 알아내신 뜻을 어머니의 가락지에 얹어 주신 듯하다. 왠지 미신답다는 내 말에 옛날얘기를 하나 덧붙였다. 은을 몸에 간직했다가 화를 면했다는 어머니의 경험담이다.

순간이었다. 번갯불이 섬광을 날렸다. 염색약 알러지로 인해 착색된 얼굴에 레이저 시술을 하고 있었다. 빛이 눈꺼풀을 스치자 감은 눈이 부셨다. 다른 때와 달리 통증이 왔다. 시간이 지날수록 눈은 뜰 수 없이 아프고 흐르는 눈물을 주체할 수 없었다. 안과 진료를 받았다. 눈동자가 레이저 빛으로 손상을 입었다고 했다. 문득 부적처럼 주신 은반지를 두고 온 생각이 났다. 어머니 마음을 편하게 해드리려고 받자마자 손에 끼고 다녔는데 설거지할 때 불편해 반지를 빼 둔 것이다. 왠지 어머니와의 약속을 어긴 것 같아 죄송했다.

어머니는 떠날 준비를 하고 있다. 날마다 마지막 날처럼 사는 어머니. 떨어져 있던 청소년기를 보상하듯 어머니는 옛날을 추억하며 젊은 날의 고샅을 헤매고 있다. 동네 골목길로 들어서며 이미 고인이 된 오래된 이름들을 불러보고 이야기를 토막토막 끌어낸다. 가끔 가슴이 더 아픈 건 이야기 속 주인공이 언니였다가, 나였다가 기억이 섞이는 것이다. 아직 잊어버릴 수 없는 사람들, 그리고 나의 아버지….

은이 순도 99%라면 어머니 사랑은 순도 100%다. 정련을 거쳐 여과와 침전으로 얻어진 보석처럼 어머니의 시간 속에서 우리는 반지처럼 둥글게 갈고 다듬어졌다. 많은 보석 중에 오직 손가락에만 있어야 할 반지. 반지를 받자마자 손에 끼었다. 반지는 벌써 약지에 달무리처럼 환을 그려놓았다. 손가락을 조이며 잘록하게 자리를 잡아간다. 무탈해지라는 어머니의 기도가 스며드는 중이다. 설거지하다 물방울을 털어내며 손을 올려보고 들여다본다. 어머니의 곱고 바지런했던 손이 내 손에 겹쳐 보인다. 나는 어머니의 신체적 모습을 가장 많이 닮았다.

어머니의 사랑이 일곱 개의 손가락에 고리를 걸었다. 떠날 것을 예감하며 주신 잊지 말라는 언약의 고리다. 서로 우애하라는 증표다. 일곱 개의 반지를 낀 손들을 어머니 앞에 펼쳐 보일 때 안도하는 어머니의 미소가 일렁인다. 은반지에는 아무것도 새겨 넣지 않았지만 말 없는 말이 빼곡하게 담겨 있다. '절대 반지'처럼 어머니의 은반지가 우리를 지켜줄 것이라 믿는다. 휠체어의 바퀴를 굴리며 현관에서 배웅할 때마다 닫히는 철문의 둔탁한 소리가 문안과 문밖으로 갈라놓는다. 가슴이 철렁 내려앉기도 전에 딸의 안전한 귀가를 위한 기도가 층계를 타고 흘러내린다.

한 걸음씩 우리와 멀어지고 있는 어머니. 내 삶의 힘겨움을 덜어주느라 애쓰신 어머니. 반지를 만져보며 오래도록 어머니를 그리워하게 될 것이다.

어머니, 애쓰셨습니다. 사랑합니다.

수면 양말

발끝까지 혈액을 펌프질하기가 버거운지 발이 시리다. 차가운 물살이 거슬러 오는 날이 많아져 발뒤꿈치가 갈라진다. 틈에는 신경 줄에 매달렸던 낮의 스트레스까지 박혀 잠을 끊어낸다.

지나온 길을 더듬어 본다. 어머니가 여름에도 발이 시리다고 하면 이해할 수 없었다. 그런 내가 당뇨를 앓으며 그 길을 답습하고 있다. 요즘에 잠을 설친다고 하더니 얼굴이 많이 수척해지셨다. 어머니와 마주 앉으면 젊은 시절을 회상하며 아버지의 사랑이 솜이불보다 더 따뜻하셨는지 눈가가 촉촉해진다. 아마도 딸만 여럿 낳았는데도 변함없이 다정하신 아버지가 고마우셨을 것이다. 그뿐인가, 아버지는 겨울이 시작되기 전에 장작을 쌓고 먼저 마음을 데워놓으셨다. 모든 게 부족한 게 많았던 시절인데도 그만하면 되었다고 서로에게 감사할 줄 아신 것 같다.

잠은 사람만이 잃어버린 것이 아닌가 보다. 빙산이 녹고 미세플라스틱을 흡수한 물고기들이 먹이사슬의 고리를 물고 도는 동안 곰들도 살아가기 어렵게 되었다. 잠의 언저리를 배회하는 불면을 몰아내고 모두 숙면하기를 빌어보는 밤이다.

눈이 많이 오던 고향의 겨울 덕택에 펑펑 쏟아지던 눈의 기억은 행복이다. 눈밭에 뒹굴다가 돌아와 신발을 벗어 던지면 아버지는 어느결에 아궁이의 잔불을 끌어내고 불가에서 젖은 신발을 말리셨다. 나는 일찍 잠이 들었고 그 언 발을 녹여주던 손결이 생각난다.

불현듯 아버지가 보고 싶어질 때면 휴대폰에 저장된 사진을 불러온다. 순간 밀려오는 그리움, 내 머리를 쓰다듬어 주셨던 부드럽고 자상한 아버지, 여느 때처럼 고른 이를 드러내고 하얗게 웃고 있다. 아버지 수염은 하룻밤이면 우리 볼을 비빌 만큼 빠르게 자라 있었다. 그 따가움이 싫어 도망가는 우리를 껴안고 아버지는 즐거워하셨다. 그런 날, 약주 한잔하신 아버지가 우리 이름을 하나씩 부르며 환하게 웃을 때는 홍시 냄새가 났다. 두꺼비처럼 두툼하던 손, 아버지의 넓은 품에 꼭 안아주던 감촉이 살갑게 그립다.

고등학교 1학년 때, 아버지가 공장의 화재로 돌아가실 뻔했다. 한밤중이었다. 초저녁잠에 드신 아버지가 공장에 불이 났다는 연락을 받고 그 불을 끄러 지붕에 올라갔다가 크게 다치셨다. 아침결에 병원으로 달려가 보니 눈만 빼고 붕대로 감고 있는 아버지는 혼수상태였다. 서울에서 어머니가 어린 동생을 업고 내려왔다. 얼마나 철렁했을까. 엄마가 온 걸 알았는지 아버지는 깨어나셨고 나도, 아버지도 어머니의 온기가 좋았다. 그제야 아버지의 외로움을 내가 다 채울 수 없음을 알았다.

아버지는 늘 어머니의 고충을 함께 나눌 줄 아셨다. 휴일이면 딸 많은 엄마의 일손을 돕느라 반바지와 러닝셔츠 차림으로 빨래를 하셨는데, 커다란 고무통에 들어가 빨래를 꾹꾹 밟으며 거품을 내고 물방울을 튕겨 보이며 얼마나 행복하게 웃으셨던가. 아버지는 권위를 내세우지 않았으며 언제나 따뜻한 시선으로 우리를 대했다. 동대문 스케이트장에서 딸들이 스케이트 타는 걸 지켜보면서 흐뭇해했다. 피겨스케이트를 신겨주던 모습이 아직도 눈에 선하다.

어머니는 서울에 집을 마련하고 언니와 동생들을 위해 뒷바라지를 했다. 어머니가 안 계신 5년 동안 나는 아버지와 가장 가깝고 유일한 딸이었다. 또한, 외로움을 나누는 동지였다. 엄마가 씻어드리던 아버지 발을 내가 닦아드리기 시작했다. 저녁마다 가마솥에는 아버지를 위한 뜨거운 물이 끓었다. 아버지의 하루 이야기가 놋대야의 따뜻한 물에 풀어졌다. 신발 속에 갇혀있던 부은 발을 위로할 수 있어 좋았다. 내 발을 가만히 들여다본다. 아버지를 본뜬 듯 많이 닮았다.

아버지의 눈은 맑고 깊었다. 그 눈을 마주하면 절대로 거짓말을 할 수 없었다. 그 눈빛에 맑아지고 마음에는 온기가 돌았다. 엄마와 떨어진 내가 안쓰러웠는지, 아버지는 부족한 나를 항상 사랑으로 감싸주었다. 마음이 추워지면 큰일이라고, 따뜻한 양말을 신겨주시던 아버지….

삶의 속도를 내던 시간을 허물고, 발이 먼저 식어가는 것을 본 적이 있다. 몸은 심장에서 먼 발부터 차가워졌다. 아버지의 발이 온도를 버린 저녁은 밀착했던 것으로부터 분리, 살아온 길을 숨 가쁘게 지우는 중이었다. 나는 아버지의 발을 주물러 심장까지 손을 뻗어 그리운 말, 사랑한다는 말을 더듬었다. 내 발을 감싸고 체온으로 덥혀주던 그 손은 다시 잡을 수 없지만, 사랑한다는 말이 가슴으로 옮겨왔다.

아버지는 내 첫아이가 열 살이 되던 해까지 함께하셨다. 꿈에서도 그리운 아버지. 마지막 잠을 향해 아버지 방식대로 닮아 가려고 노력한다.

깨지 않고 아침을 잇는 잠, 포근한 세상으로 혈관이 열린다. 잠의 선물을 기다리는 오늘 밤이 크리스마스이브다.

빗소리가 지나간 자리

우산살이 녹슬어 있다. 아이의 젖은 시간을 펼친다.

하교 종소리가 울리자 운동장은 부모와 아이들로 붐빈다. 빗소리를 따라 몰려오는 우산들. 형형색색의 우산 무리가 모였다가 빗속으로 흩어진다. 운동장을 빠져나가는 우산들 속에 엄마의 우산을 찾느라 교문을 뚫어지도록 살펴보지만, 엄마는 보이지 않는다. 빗줄기는 점점 더 거세지고 운동장은 비어갔다. 엄마는 결국 오지 않았다. 선뜻 나설 수 없는 운동장, 빗줄기를 무심히 바라보다

드디어 결심이 선다. '엄마는 오지 않을 거야. 비가와도 엄마는 데리러 오지 않겠다고 했지. 이제 집으로 가야겠다.' 무수한 발자국이 지나간 자리, 질퍽거리는 웅덩이에 빗살이 그리는 동그라미를 따라나섰다.

신발주머니 속에 있던 실내화를 꺼내 가방에 넣고, 빈 신발주머니를 톡톡 털었다. 머리에 실내화 주머니를 고깔처럼 썼다. 빗속을 달리기 시작했다. 얼마나 비를 맞았는지, 얼마나 빠르게 달렸는지는 모르겠다. 집으로 향하는 길의 절반쯤 갔을까. 저만치에서 엄마가 걸어오고 있었다. 믿을 수 없었다. 나를 데리러 오는 거였다. 나는 우산 속으로 들어가 엄마를 덥석 끌어안았다. 엄마가 온 것이다. 친구들처럼….

그날도 소낙비가 내리고 있었다. 고열이 있었지만, 비 오는 날도 결석하면 안 된다고 기어이 여덟 살 아이를 학교에 보냈다. 의도적으로 참을성을 갖게 하려고 한 것이다. 필요한 것이 있어도 한 번에 사주지 않았다. 때론 포기도 해야 하고 원하는 걸 쉽게 손에 넣을 수 없다는 걸 알게 하고 싶었다. 모범답안처럼 아이 키우는 법을 궁리하고 나만의 방법으로 실천했다. 하지만 다른 아이보다 이른 나이에 입학한 어린 마음을 나는 제대로 헤아려주지 못했다.

"글씨 좀 잘 쓰자."

아이의 알림장에 적힌 선생님의 빨간 글씨가 회초리처럼 따가웠다. 아이가 잠든 뒤에 책가방을 열어보았다. 겉장이 떨어져 나간 공책, 이리저리 흩어져 있는 필기도구들. 하지만 어수선한 가방과는 다르게 공책을 보니 숙제는 해놓았다. 한편 다행이라는 생각을 하며 못 본 체 가방을 제자리에 놓아두었다.

중학교에 갈 무렵에는 장난기도 줄어들고 손 가는 일이 별로 없었다. 수학여행 갈 때도 스스로 짐을 꾸렸다. 대견했다. 진로문제로 속이 상하긴 했지만 제 의사를 존중했다. 제대한 후에 학업을 더 연장하겠다고 결정한 것도 아들의 선택이었다.

작든 크든 선택해야 하는 일들이 매 순간 팽팽한 신경줄을 세운다. 그럴 때마다 한순간 작정하고 뛰어들었던 운동장의 빗속을 생각했을지도 모른다. 우산을 잃어버린 것처럼 빈손이 되었을 때도 빗속으로 나서도 될지 묻고 싶었을 것이다. 그건 오지 않은 시간에 대한 모험일 수도 있었을 테니까. 아이는 레고블록을 이리 재고 저리 끼워 맞추며 원하는 모양을 만들어내곤 좋아했다. 혼자서 궁리하던 생각은 엄마의 치맛자락을 놓아버렸다. 속내를 털어놓지 않는 날이 많아졌다. 아이의 생각과 결정을 간섭하지 않기로 하자 아이는 오히려 훌쩍 어른스러워졌다.

비가 내리고 있다. 지하철 출구에서 연계된 버스까지 걷기엔 조금 멀다. 우산을 하나 살까…. 남편은 버려진 우산을 가져와서 곧잘 고쳐놓는다. 그렇게 멀쩡한 우산을 생각하면 새 우산을 살 수가 없다. 사실 집을 나설 때부터 빗방울이 떨어졌다. 돌아올 때쯤에는 큰비가 올 것으로 예상했지만 되돌아갈 시간이 없었다. 귀가 중에 만난 빗줄기가 등을 후려친다. 미숙한 엄마를 기다리던 아이의 얼굴이 생각난다. 잠깐 머뭇거리다 스카프로 머리만 가린 채 빗속을 뛰었다. 나는 우산을 사지 않았다. 그냥 가슴에 빗소리를 맞으며 시간 속을 덤덤히 지나가고 있다.

내가 아들에게 펼쳐주지 않은 우산을 제 아내가 받쳐준다. 우산 속에서 서로의 젖은 어깨를 안타까워한다. 가족의 우산이 되어가는 아들에게서 개구쟁이였던 때를 떠올린다. 미안하기도 했지만 잘 해냈다고 말해주었다. 아들은 내 말에 고개를 끄덕이며 환하게 웃는다. 아이와 함께 뒹구는 그 얼굴에 무지개가 뜬다. 제 아이를 안고 성큼 빗속으로 발걸음을 떼어놓는 아들.

이제 너는 어른이 되었단다.

멀쩡하게 고쳐진 우산을 펼치고 나도 7월 속으로 들어선다.

고비사막에서

어머니가 응급실에 실려 오셨다. 체온계를 빼는데 열에 들뜬 숨소리가 사막의 모래를 불러왔다. 어머니는 사막을 건너고 있는 낙타다. 힘겹게 고비사막을 건너고 있다. 모래바람은 사정없이 온몸을 흔들고, 넘어야 할 언덕은 아직 멀기만 하다. 조금만… 조금만 더 힘을 내야 해….

바람이 발자국을 옮기는 사막의 시간은 견딤의 연속이다. 그 길을 횡단하는 동안 낙타는 첫배에 낳아 졸랑거리던 새끼를 잃었다. 하지만 주저앉을 수 없다. 소리 내어 울 수도 없다. 남은 새끼들이 있고, 멀고 먼 거친 사막을 건너야 한다. 마침내 시간은 사막의 끝을 보여 주었다. 지친 걸음도 이제 쉴 수 있게 되었다. 남은 새끼들과 이탈하지 않고 꿋꿋하게 바람의 길을 지나온 것이다.

어미는 사막의 열기를 온몸으로 버텨내느라 상처투성이다. 견딤의 흔적, 발바닥의 굳은살쯤은 아무것도 아니다. 귀에 바람 소리가 들리지 않아도, 몸뚱이에서 쓸 만한 것이 없어도 괜찮다. 그래도 괜찮다. 새끼들이 곁에 있으니….

낙타는 다시 고비사막에서 싸우고 있다. 패혈증이다. 좀처럼 수그러들지 않는 고열. 꿈속에서 잃어버린 새끼를 찾아 헤매는 것 같다. 거친 모래폭풍의 한 가운데서 잃어버린 내 새끼. 큰 소리로 부르고 있나 보다. 두 손이 허공을 젓는다. 가슴 언저리에서 떠나보내지 못했던 새끼의 이름을 부르고 있다. 어디 있니…. 서서히 숨결이 잦아들고 있다. 사막에서 놓친 새끼를 만났는지, 이제는 절대 손을 놓지 않겠다고 다짐하고 있나 보다.

낙타의 의지는 고열을 밀어내기 시작했다. 간신히 눈을 떴다. 사흘 밤낮을 끊어질 듯 가쁜 숨소리를 내려놓지 않더니 발밑에서 흔들어대는 새끼들의 간절함을 알았나 보다. 링거에서 한 방울씩 사막에 깃들었던 물소리를 퍼 올린다.

가늠되지 않는 속도지만 물방울을 나르는 동안 고열의 심지가 꺾인 것이다. 낙타의 숨소리가 순해지고 있다. 무릎을 세우고 다시 새끼들과 길을 나설 생각을 하고 있겠지.

순간에 맞닥뜨리는 사막은 예측할 수 없는 곳에 숨어 있다. 어머니의 몸이 사막화가 되어가는 걸 알지 못했다. 혼자 고비사막을 넘으며 견뎌내는 걸 지켜보았다. 후회와 안쓰러움으로 마음 졸이며 불효를 뼈저리게 느꼈다. 별을 지고 모래폭풍을 견디며 앞만 보고 넘어가는 길, 그 고비를 함께 건너는 중이다.

어느 시인은 수술실에서 마취상태인 채, 시 5편을 암송하고 자신의 직업이 시인이었음을 밝혔다는데, 모래바람에 휩쓸리며 고비를 건너온 낙타, 어미라는 이름으로 버티셨던 걸까. 저벅저벅 헛소리를 지르며 일곱 남매의 이름을 부른다. 자신을 놓아버리자. 횡격막에 얹혀 있던 원이 큰딸을 찾아내셨으니 말이다.

유리창을 두드리는 빗소리, 세찬 장맛비가 구부렸던 낙타의 발굽을 일으켜 세웠다. 서서히 열이 내리고 어머니가 깨어나셨다. 7월의 휴가를 떠나려던 참이었다.

흠뻑 젖다

갑자기 방향을 잃은 기압골의 피해가 속출했다. 뉴스에서는 우박이 쏟아지고 비닐하우스를 열어둔 농가의 피해는 속수무책이었다.

인생의 벌판에서 갑자기 만난 비는 피할 수도 없이 그냥 맞게 된다. 젖은 옷깃을 쥐어본다. 물방울이 떨어진다. 그렇지만 해가 다시 나올 거라는 믿음을 갖는다.

결혼하던 해였다. 나는 결혼을 망설이게 되었다. 순탄하던 집안에 파산이라는 소나기가 쏟아졌다. 때아닌 우박까지 던져놓았다. 곳곳에 물웅덩이를 만들었다. 금방 복구될 수 없을 듯했다. 아버지의 농장은 처참했다. 친정은 쉽게 일어서기가 힘들어졌다. 어려움 없이 살던 동생들도 제때 여물게 될지 알 수 없었다. 그래도 아버지는 내가 결혼하는 게 낫다고 하셨다. 떨어지지 않는 발걸음을 떼고 그해 초겨울 시댁의 문턱을 넘었다.

간간이 들어온 볕으로는 흠뻑 젖은 땅이 쉽사리 마르지 않았다. 아버지는 충격을 이기지 못해 중풍으로 쓰러지셨다. 구김살 없던 동생들은 학업을 중단하고 말았다. 친정에 별 도움을 주지 못하는 내가 죄스러웠다. 그런데도 친정에 아이를 업고 건너가 가족들의 얼굴을 보고 와야 마음이 놓였다. 아니 사실은 마음이 너무 아파서 잠도 제대로 오지 않았다. 좁은 방에서 닿았던 살 냄새를 둥글게 말고 밤을 보채야 했다.

무르기만 했던 동생들은 제 길을 재는 자벌레처럼 꿈틀거려 이리 재고 저리 재며 마른 땅을 찾아냈다. 다행히 하나둘 학업을 마치고 제 몫을 해냈다. 희망이 생겼다. 장마처럼 길게 느껴진 시간이 웃음소리로 바뀌고 아버지의 울타리 안에 갖가지 열매들이 매달렸다. 풍작이었다.

아이러니하게도 나는 비를 좋아한다. 화장하지 않은 얼굴에 쏟아지는 빗줄기는 상큼하다. 비를 맞는 순간만큼은 동심으로 돌아간다. 무지개색으로 폭을 잇댄 색동우산을 돌리며 장화를 신고 학교로 향하던 어린아이가 된다.

소나기가 쏟아질 때면 가뭄을 적시는 비였으면 좋겠다. 인생에도 단비가 있을 것이다. 하지만 삶은 뜻대로 되지 않는다. 느닷없이 쏟아지는 빗줄기에는 꼼짝없이 젖을 수밖에 없다. 이럴 때 누군가가 내민 손은 위로를 준다. 그 순간 소나기는 단비가 된다.

김장훈의 노래가 가슴에 소나기를 퍼붓는다.

잠시뿐일 거야, 곧 끝날 거야, 또 해가 뜰 거야, 갑자기 왔다가 적시고 간다. 소나기~
날이 참 좋았는데. 화창했는데, 말없이 내리네, 갑자기 왔다 적시고 간다.~/ 우산 없이 살다가 아주 흠뻑 젖었네, 정신없이 살다가~ 울다가 웃다가 울다가 웃어야지, 소나기~

인생의 소나기는 지나갈 것이고 그칠 수밖에 없다. 오늘은 빗속으로 달려나가 흠뻑 젖고 싶다.

초록을 비우며

초록을 스케치한 시의 물방울, 갈색으로 환원하는 연 이파리가 아직은 초록의 일부다. 갈변하며 구부러드는 이파리에서 다비식을 떠올린다. 비가 그친다. 대웅전에서 들리는 예불 올리는 소리, 면벽에 들었다는 스님의 하얀 고무신에 적막이 쌓인다. 그 사이 햇빛과 바람이 꽃들의 언어를 파종한다.

사유는 소란스러워지고, 찾지 못한 곳에 표징을 슬며시 깔아 둔 화두. 가시덤불을 헤쳐야 할 길, 또 가시에 찔려도 짚고 일어서야 하지. 딱지가 앉을 즈음, 겨우 꽃잎 한 장을 얻는다. 상처에서 핀 꽃이다. 그 꽃에서 바람의 나이를 읽으며 시의 지평을 향해 걸어가고 싶다. 빛의 언어로 되돌아오는 계절들.

3

욕망하는 색

한 사람을 상징하는 강렬한 파랑과 마주한다. '욕망하는 색'은 S가 전시회에 붙인 명제다. 참석하지 못해 아쉬웠는데 그림을 전송해왔다. 산뜻하다. 한 걸음 한 걸음 나도 파랑에 물든다.

좋은 일은 겹으로 오는 것인가 보다. 사고로 인해 실명했던 S의 남편에게 개안할 수 있다는 반가운 소식이 들렸다. 우연히 친구의 전시회와 수술이 맞물려 있다. 오래전 그들 부부가 블랙홀로 사라지는 게 아닌가 걱정되었다. 하지만 다른 생각에 여념이 없는 듯 친구는 그림에 열중했고 꾸준히 전시회를 열었다. 파랑을 기표로 삼은 것일까. 그의 파랑은 점점 진화하고 있다.

각막이식 수술이 끝난 후, 그녀의 목소리에 생기가 돌았다. 축복이다. 부부가 함께 잃었던 빛이 되돌아온다. 남편의 격려가 필요했던 시간을 묵묵히 걸어온 그녀, 욕망하는 색으로 자신의 내면을 채우고 있었다. 그녀의 얼굴을 알아보듯이 S의 남편은 묻혀있던 아내의 시간을 발굴하며 날마다 경이로울 것이다. 낙조에 물든 호수에서 사랑을 나누는 백조의 춤을 상상해본다.

유난히 시선을 끌어당기는 그림 한 점이 있다. 킬힐의 파란 구두. 킬힐의 굽은 뭉툭하지 않은 뾰족한 연필심이다. 그녀가 추구하는 욕망의 깊이를 알 수는 없다. 단지 느낄 뿐. 그녀는 [1]들뢰즈의 '되기'를 실천하며 예술의 보폭을 떼고 있다. 유목의 길로 그녀의 영토가 확장되고 탈영토화를 끊임없이 하고 있다. 그 에너지가 놀랍다. 여러 각도로 고민하며 새로운 것을 시도해 보는 시선이 감각적이고 신선하다. 영감을 화폭에 옮겨놓은 신발의 굽, 끊임없이 다른 길

---

1) 들뢰즈의 '되기' 개념은, 역설적으로 아직 아무것도 되지 않은 상태로의 방향성이다. being 상태에 대한 불만이 becoming의 시간을 갈망하는 것. 이미 무엇이 '되어 있는' 확정 이전의 단계, 즉 아직 무엇이 '될 수 있는' 과정의 단계를 욕망하는 것.

을 개척해 나가겠다는 암시가 아닌가. 그녀의 꿈이다.

S가 그림으로 승화하고 있는 고된 과정을 지켜보았다. 그녀의 색채를 들여다볼 수 있다는 건 행운이다. 그녀의 블루에는 다양한 색들이 교집합을 이룬다. 파랑을 기점으로 모든 색을 포용하는 것이다. 다른 일에는 무심한 듯해도 그녀는 그림에 열중할 때는 다른 사람이 되어 있다. 할 줄 아는 게 없어서 제일 좋아하는 그림을 그린다는 친구. 그렇게 몰아의 세계로 다가서며 천착한 오늘의 그림은 한 편의 시로, 음악으로 환치된다. 말 없는 말을 쏟아내는 그림 앞에서 어쩐지 자유롭지 못하다. 열중하지 못했던 나의 게으름을 반추한다. 가슴이 뻐근하다.

패션의 마무리는 구두라고 한다. 한 뼘이라도 키를 높일 수 있어서 젊은 날에는 높은 구두를 신고 싶었는지 모른다. 언제부턴가 꿈은 사라지고 키를 키울 필요가 없어졌다고 생각했다. 그리고 편한 운동화로 바꿔 신었다. 몸의 편함 뿐이겠는가 정신세계에도 적당히 하겠다는 생각이 들어차 있다. 나태한 나를 깨운다. 다시 꼿꼿하게 허리를 세우고 경쾌하게 길을 나서고 싶은 욕망이 꿈틀댄다. 파란 물감이 내 속으로 흘러든다….

단발머리로 만난 친구들의 꿈은 다 이루었을까. 한 친구는 피아노 전공으로 입학했으나 다른 물줄기를 발견하고 미련 없이 성악으로 전공을 바꿨다. 졸업연주회에서 마이크 없이 대강당을 채우며 사람들 마음을 사로잡았던 목소리, 그때를 회상한다. 그 목소리가 암석을 뚫고 나온 듯 감미로웠다. 지휘봉을 든 손은 세상의 어두운 곳을 두드리며 빛과 소금으로 다가간다. 음지를 찾는 곳마다 그곳이 환해진다. 생소한 길로 전공을 바꾼 친구는 여럿이다. 대학을 졸업한 후, 새롭게 신학을 전공한 친구도 있다. 성서를 밤낮으로 끌어안고 어려운 공부를 시작하더니 영혼을 치유하는 목회자의 길을 택했다. 아름다운 색채와 가슴에 울림을 주는 목소리들이 빛이 되는 도구로 쓰이고 있다. 자신의 색을 찾아가는 친구들의 열정에 경이로움을 느낀다. 유한의 세계에서 조금씩 이탈해 보려는 생각이 든다.

많은 사람이 자신의 색을 찾느라 고뇌한다. 욕망을 실현하기 위한 의지로 방향을 정할 수 있다면 얼마나 멋진 일인가. 하고 싶은 일을 찾아 진로를 바꾼다는 것, 극복하겠다는 강한 의지가 있어야 실천할 수 있을 것이다. 가지 않은 길을 재도전할 수 있는 사람들은 소수의 무리 중에 용기 있는 자들이다. 경험은 무수한 사거리를 지나치다 새로운 길을 가보는 기회를 얻는 게 아닌가.

새 연필을 깎아야지. 정작 연필을 손에 쥔 나는 제자리걸음이다. 너의 색채를 찾았는가. 화두에서 벗어나지 못한 채, 돌연 푸른 욕망을 위해 새 연필을 킬힐에 붙이고 꼿꼿하게 걸어보려 한다.

외투

폭설에 갇히듯 겨울 안쪽에 들어섰다. 장갑과 부츠, 두툼한 코트까지 단단히 무장했는데도 온몸이 꽁꽁 얼었다. 살을 에는 차가운 바람이 뺨을 스친다. 친구가 타고 온 버스는 두어 시간이나 연착했다. 같이 온다는 말이 없었는데, 그녀는 애인과 함께 버스에서 내렸다. 눈보라 속의 그는 교복 차림이었다. 당당해 보이는 어깨에 힘이 들어가 있었지만, 발갛게 얼어있는 귓불을 보니 안쓰러웠다.

어색한 인사가 오갔다. 친구는 애인의 외투를

사주려고 했다며 함께 쇼핑하기를 원했다. 우리는 터미널 근방 광장시장과 평화시장을 더듬었다. 그는 무안한 듯 몸을 빼며 따라왔다. 옷가게들은 추위에도 아랑곳없이 성업 중이었다. 발을 구르며 호객행위를 하는 리드미컬한 목소리가 좁은 시장길에서 눈발에 부딪히고 있었다. 시장 안의 옷가게는 전부 들어가 본 것 같다.

그에게 꼭 맞는 외투를 골랐다. 잿빛 모직 코트였다. 큰 키와 하얀 얼굴에 더없이 잘 어울렸다. 마침내 우리의 고된 노역이 끝났다. 그가 외투를 걸치자 시베리아의 혹한도 이제 견딜 수 있다는 듯 친구의 얼굴에 만족한 웃음이 차올랐다. 그는 별로 말이 없는 사람이었지만 우리의 이야기에는 간간이 미소를 띠며 화합했다.

친구는 피아노 전공으로 입학했다. 대학에 다니던 어느 날이었다. 우연히 연습실을 지나던 성악과 선배가 그녀의 아름다운 노래를 듣게 되었다. 소프라노의 음색에 이끌려 그곳을 들여다본 것이 두 사람 인연이다. 친구는 자신의 목소리를 알아준 그 선배에게 호감을 느꼈다. 얼마 후 그녀는 선배를 따라 성악과로 전과했다. 그 시간이 깊었다.

간간이 연인들의 애틋한 눈길이 오갔다. 화제는 끝이 없었다. 우리는 젊었으니…. 그는 두툼한 코트 자락에 친구를 감싸 안고 막차에 올랐다. 포근한 겨울밤이었다. 사랑은 아낌없이 주는 것이라고 했던가. 한 사람만을 향한 서로의 눈빛이 결국 그들을 결혼으로 이끌었다.

음악은 늘 친구 곁에 있었다. 오랫동안 교회 합창단 지휘로 활동하던 그녀는, 우연히 교도소 예배 시간의 반주를 부탁받았다. 그곳 강당에서 만난 재소자들을 보면서 불현듯 법관으로 평생을 살아오신 아버지를 떠올렸다. 그들 곁에 있어야겠다는 심경의 변화가 일었다고 했다. 교화위원 자격을 얻어 정기적으로 교도소를 찾아갔다. 몸에 밴 사랑의 실천으로 또 다른 보람을 찾게 된 것이다. 오래지 않아 그녀는 재소자 성가대 지휘를 맡았다. 그 후, Y교도소의 소가(所歌)도 작곡할 정도로 인정받게 되었다. 오래전 남편의 외투를 장만할 때부터 세상에는 입혀야 할 외투가 많다는 걸 감지하고 있었던 것일까.

어느 날, 교도소로 친구를 만나러 갔다. 친구는 나를 합창단 일원으로 참석하게 했다. 강당을 가득 채운 수많은 눈동자가 우리를 향해 있었다. 무대에 서기 전에는 두려움이 앞섰으나 성가를 따라 부르는 그들의 목소리에 점차 가슴이 젖어 들었다.

집에 돌아와서도 그 노랫소리가 마음에서 떠나지 않았다.

넘을 수 없는 거대한 벽은 세상과의 단절이다. 죄는 벌을 받아야 마땅하고 벌을 받고 있기에 그들은 그곳에 있다. 접견실 밖에는 가족을 만나려는 사람들이 초조한 마음으로 줄을 선다. 죗값을 치르는 동안 가족들도 함께 고통을 나눈다. 그중에는 가족에게조차 외면당하는 경우가 있다고 한다. 그렇게 소통할 수 없는 것이 교도소의 벽보다 더 큰 벽일 것이다.

소통은 믿음과 사랑에서 출발한다. 친구는 재소자들과 상담 시간을 갖기도 한다. 그들은 우리와 같은 사람이고 마음에 병이 든 거라고 친구는 말한다. 진심으로 대하고 들어줄 때 비로소 닫힌 마음을 연다는 것이다. 나는 친구를 이해할 수 없었다. 하지만 해가 갈수록 그녀의 생각에 동화되어 선입견을 버리게 되었다. 교도소 행사인 재소자들의 운동회 날 기억은 오래 잊히지 않는다. 그들 역시 우리와 똑같이 웃고 떠들고 운동장을 달렸다.

어떤 면에서 인간은 죄로 인해 자유롭지 않다. 나 역시도 그렇다. 하지만 죄를 지었다고 해서 인간성마저 상실하는 건 아닐 것이다. 한 번의 실수는 지워지지 않는 흔적을 남겨 사는 내내 그 죄를 곱씹으며 후회하게 한다…. '죄를 미워하되 죄인은 미워하지 마라.' L. A. 세네카의 말이 새롭다.

친구는 재소자를 위해 수없이 많은 편지를 주고받으며 눈물을 흘린다. 여러 곳의 구치소, 교도소에서 연을 맺은 그들이 사회로 복귀해 잘 적응한다는 내용을 읽어줄 때는 나도 기꺼이 박수를 보낸다. 그녀는 현재까지 삼십여 년을 교화위원으로 일하고 있다.

사회 곳곳이 빙판이다. 세상에는 외투가 필요한 사람들이 있고 기꺼이 자신의 외투를 내어 주는 사람도 있다. 따뜻한 심성으로 세상을 바라보는 친구의 삶이 그러하다.

다시 겨울이다. 외투를 사려고 시장을 누비고 다녔던 이십 대의 겨울연가가 그녀의 사랑처럼 세상의 빛으로 다시 쏟아진다. 빛이 닿지 않는 곳, 소외된 마음에 입힐 따뜻한 외투처럼….

사(謝)를 읽다

전화기에 메시지가 쌓여 있다. 모임이 있어 핸드폰을 음 소거로 해 놓은 것이 생각났다. 설정을 풀었다. 급히 통화를 원한다는 문자메시지와 음성사서함까지 있었다.

음성사서함을 열었다. S 선생님의 목소리다. 사죄할 일이 있어 그러니 통화하길 바란다는 힘없는 한마디였다. 무슨 일인가. 우리는 늘 사심 없는 대화를 주고받는 사이라 서로 상처 내는 일이 없었다. 오랫동안 그러했고 전날에도 특별한 이야기가 오간 것이 아니었다.

즉시 S 선생님께 전화를 드렸다. 아침결에 띄운 전화 답이 늦어져 무척 죄송했다. 어제 했던 말에 혹시나 내 마음이 다쳤을까 봐 걱정하셨단다. 실수했을 때 바로 인정하는 것은 용기가 필요하다고 선생님은 생각하셨다. 대상이 어른이든 아이든. 어제 대화 중에 내 나이 또래 집안 조카가 당뇨병으로 투병하다 죽었다고 했다. 그러니 몸 관리를 잘하라는 말이었다. 자신의 과오는 같은 병을 앓고 있는 내게 그런 말을 한 것이 경솔했노라고 여러 번 이해를 구했다. 뜬금없었다. 오히려 고마운 말씀이셨어요. 내 대답에 선생님은 예전처럼 밝아지셨다. 우리는 한바탕 크게 웃고 전화를 끊었다.

지난해였다. 특정 회사의 제품으로 머리를 염색했다가 얼굴에 색소침착이 되었다. 매스컴에서 한참 떠든 후에야 나 역시 해(害)를 입었다는 것을 알았다. 그제야 대학병원 피부과 진료를 받기 시작했다. 해가 지나 조금씩 색소가 벗겨지니 마음에 봄이 깃들었다. 완치될 무렵이었다. 치료 중 레이저 광선에 눈을 다쳤다. 눈물이 걷잡을 수 없이 흘러 집에 가자마자 다시 병원을 찾아야만 했다. 이렇게 된 사정을 피부과에 알렸지만, 담당 의사와 연락이 안 된다고 안과 치료만 받으라는 답변이었다.

남편에게 의지해서 안과 쪽으로 허둥거리며 가고 있었다. 식사하고 돌아오는 의사와 마주쳤다. 그는 미안하다는 말도 없이 총총히 사라졌다. 안과는 만원이었고 응급처리도 하지 않았다. 불길한 생각과 통증이 뒤섞여 눈물이 쉼 없이 쏟아졌다. 대기실을 메운 환자들이 다 빠져나갈 즈음에야 검사가 진행되었다. 그 시점에서 비문증이 생겼다는 것을 알게 되었다. 노안에서 오는 증세라고 했다. 그런데도 의료사고로 인한 결과가 아닌지 의구심마저 들었다. 눈은 계속 아프고 불편했다. 실명은 아니라니 다행이었다.

담당했던 의사의 전화는 오지 않았고 병원 측에서는 간단한 치료비만 지급했다. 억울하면 소비자고발센터에 접수하라는 사무적 대응만 있을 뿐이었다. 내가 바란 것은 치료하던 의사가 진심으로 미안하다고 하는 말이었는데, 그게 너무 어려웠던가. 병원은 아파서 가는 곳이다. 의사의 한마디 말이 사람을 살리기도 하고 죽이기도 한다. 그만큼 상처받기 쉬운 게 환자라는 생각이다. 서운하다 못해 화가 부글거렸다.

그 선생님의 진료를 계속 받을 수는 없었다. 담당 의사를 바꿨다. 인계받은 의사는 소중한 눈을 다쳤으니 얼마나 속상하시냐고 했다. 뜻밖이었다. 그녀는 처치하기 전, 촉촉이 젖은 눈으로 나를 내려다보았다. 그리고 괜찮으시냐고 또 물었다. 병원을 대신해 미안하다고 사과했다. 연대책임을 짊어진 말에 스르르 화가 풀렸다. 이분께 나를 맡겨도 좋겠다는 안도감이 들었다. 내가 운수가 사나워 그렇게 된 것이 아닌가. 선생님 같은 사람이 많아야 병원도 환자도 좋은 게 아닌가요. 내 말에 햇살을 펼친 듯 환한 얼굴이다.

사과(謝過)의 '謝'자는 말씀이 화살시위에 얹혀 있는 형태다. 그만큼 말이 빠르다는 의미다. 잘못이라고 인정되는 순간, 늦기 전에 최대한 빨리 사과하라는 뜻이 아닐까. '謝'자가 감사(感謝)하다.에서도 같이 쓰이는 것을 보면, 고마움 역시 늦기 전에 전해야 한다는 뜻인 듯하다.

무심결에 지나간 소소한 일들이 생각난다. 사람과의 관계에서 감사해야 할 일과 미안했던 순간을 얼마나 놓치고 살았던가. 바람이 심한 밤이다. 심산하다. 창문을 열고 오래, 바람의 길을 내다 본다….

실패

셔츠의 단추가 떨어졌다. 오랜만에 반짇고리의 뚜껑을 연다. 자개 박힌 실패의 까만 몸체, 잘록한 허리가 잡힌다. 옻칠 덕분에 신혼의 색시처럼 새침하다. 결혼 때부터 감은 실을 다 풀어쓰고 아직도 곁에 있다.

오래전, 할머니가 계시던 시절로 회귀한다…. 귀향이다. 서울발 장항행 완행열차를 타려고 서둘렀으나 입석 표를 겨우 구했다. 열차 안은 발 디딜 틈이 없다. 온종일 긴 여행에 시달려 몸이 후줄근하다.

저물녘에야 장항역에 도착했다. 선착장으로 가는 길은 철길을 따라서 부두로 뻗어 있다. 자갈이 발바닥에 마찰을 일으키며 걸음을 더디게 한다. 마침내 배에 오른다. 서해의 물빛을 바라보며 뱃전에서 맞이하는 바람이 살갑다. 익숙한 발동선 소리가 기름 냄새를 풍기며 바다를 들썩인다. 배가 고향으로 향하는 것이다. 비탈진 남도의 사투리와 충청도의 사투리가 절반씩 발을 담근 고향의 목소리가 귓가에 닿는다.

기억의 결을 따라간다, 장재동으로 들어선 골목에 '만월표' 경성 고무공장이 어느결에 코앞이다. 할머니의 하얀 코고무신과 내 꽃고무신이 탄생하는 고무신 공장, 낯설지 않다. 어쩌다 찾아 나서던 꿈대로 새까만 전봇대가 반긴다. 전봇대는 어린 날의 얼음 땡. 수없이 손바닥을 겹쳐놓았던, 무궁화꽃이 얼마나 피고 졌는지….

대문을 밀고 할머니를 찾아낸다. 바늘에 꿴 실이 저고리 고름에 장식처럼 나풀거린다. 그 바늘이 때론 급체해서 뒹구는 내 손가락에 피를 내어 기를 돌게 했다.

아버지의 메리야스 공장은 면사를 들여와 천을 짜고 봉제까지 했다. 물자가 귀한 때였다. 할머니는 공장을 돌아보다가 봉제실에서 굴러다니는 실을 치마폭에 담으셨다. 엉킨 실을 모아 감으면 실패는 볼록하게 부풀었다. 도막 난 실을 주우려 허리를 굽히던 할머니, 내 큰아버지를 앞세우고 가슴의 아픔을 풀어내느라 백발이 먼저 찾아왔다. 실을 고르고 매듭을 푸는 일이 잠시라도 고통을 잊을 수 있는 모습일 것이다.

할머니는 고향에서 큰집과 우리집을 사이에 두고 날마다 걸음을 놓았다. 치마폭에 담아 온 이야기는 얼마나 듣기 좋았던가. 우리에게 상상력을 갖게 해 준, 고전과 전래동화는 할머니가 감칠맛을 가미해 이야기가 발전해갔다.

『박씨부인전』은 지혜로운 부인의 이야기였다. 흉측한 탈을 벗는 장면에는 내가 탈을 벗은 듯 홀가분했다. 『구렁덩덩 신선비』 전래동화는 무섭기도 하지만 한편 호기심도 들었다. 주인공은 언니들 꾐에 빠진다. 뱀의 허물을 태워 신랑이 돌아오지 않자, 약속을 지키지 않은 자신을 뉘우치며 땅속 신랑을 찾아 나서는 용기를 냈다. 어두운 땅속도 마다하지 않고 길 떠나는 아내를 그려보며 뱀 신랑이 사는 땅속 나라가 정말 궁금했다. 약속의 소중함을 일깨우고, 권선징악이 담긴 이야기들을 통해 스스로 깨우치기를 바라셨던 할머니. 여자라도 못할 게 없으니 지혜롭게 살아야 한다. 늘 당부하셨다. 어서 밤이 지나가라고 일찍 잠자리에 든 적도 있다. 할머니가 아침결에도 오시기 때문이다. 할머니의 기억력은 대단했다. 라디오 연속극과 뉴스를 실감 나게 전해주셔서 정경이 그려졌다.

할머니가 안 계시니 내 고향이 사라졌다. 큰집 손자들의 교육을 목적으로 고향을 떠났기 때문이다. 할머니는 실패에 실을 감을 일이 없어지셨다…. 도막 난 실도 엉킨 실도 없는 서울에 계시기 때문이다. 덩달아 아버지도 서울에 집을 장만하셨다. 우리 식구들도 서울로 이사를 했지만, 할아버지와 아버지와 나만 그곳에 남았다. 고등학교를 졸업 해야만 서울로 보내준다는 아버지의 말에 순종해야 했기 때문이다.

날개옷을 입은 듯 대학에 입학했다. 서울에 정착한 나는 할머니 가까이 살 수 있게 되었다. 어릴 적처럼 할머니가 큰집과 우리집을 매일같이 다녀가셨다. 양쪽 집의 손주들이 모두 궁금하셨던가 보다.

혼수품 속에 할머니의 실패가 따라왔다. 새살림이라는 게 서툴기 짝이 없었다. 볼록하게 감아두신 삶의 이치를 때마다 풀었다. 식사 준비나 남편을 기다리는 일, 할 일이 엉킨 실타래처럼 아득할 때가 많다. 그럴 때면 할머니가 골똘히 엉킨 실을 풀고 감으시던 일을 떠올렸다.

아내가 되었고 며느리, 어머니가 되었다. 또한, 일상 속에 바느질은 꼭 해야만 할 일이었다. 일을 제대로 배우지도 못한 채 결혼을 했으니 늘 허둥거리며 힘이 들었다. 그중에 이불 세탁이 제일 큰 걱정이었다.

셋집 이층 베란다는 마당처럼 넓었다. 이불 홑청을 뜯어서 빨고 풀을 매긴다. 힘든 만큼 내가 대견했다. 홑청이 바삭해지면 북소리가 난다. 출정하는 북소리를 앞세워 실패를 풀고 바늘을 잡는다. 감춰있던 할머니의 정이 살살 풀려나왔다.

흘러간 시간이 물결을 만들고 그리운 얼굴들이 한 차례씩 까슬한 이불 깃을 끌어당긴다. 요즘은 바느질로 홑청을 바꿔 끼는 일이 없어졌다. 지퍼를 열고 곧바로 이불 속을 채워 넣기 때문이다.

반짇고리가 낡았다. 화사한 빛이 날아가고 뚜껑을 여미는 단추마저 덜렁거리다 떨어졌다. 아직 바늘을 찾아 단추를 달고 터진 곳을 바느질한다. 새 반짇고리를 샀다. 다시 실과 바늘, 실패와 곰보가 된 골무, 가위는 처음처럼 자리를 지킨다.

변방에서 불어오는 바람이 생각의 울안을 기웃거린다. 인생의 깊은 바다에서 건져 올린 할머니의 말씀이 씨줄과 날줄로 엮이며 영롱한 빛을 발한다.

다 카포(Da Capo)

– 처음으로 돌아가 다시 연주하다

악기 하나쯤 연주하고 싶었다. 같은 엘리베이터로 오르내리던 이웃끼리 크로마하프를 배웠다. 금속 줄 때문인지 악기의 첫 느낌은 차가웠다. 하지만 나의 가슴을 채우기엔 충분했다. 기본 코드와 주법을 익히고 나니 한 계단 올라선 것처럼 내가 대견했다. 악기는 C코드 하나를 눌러 도. 미. 솔 음만 나오게 하고 코드바는 다른 음을 막아준다. F코드나 다른 코드 역시 3음이 한 코드이다. 크로마하프는 화음 악기로써 멜로디를 아름답게 연주할 수 있다. 인생을 연주하는 것과 다르지 않은 듯하다. 함께 모여서 멋진 화음을 내는 것처럼.

「바위섬」과 「등대지기」, 「옛 시인의 노래」 등을 익히느라 손끝이 알알했다. 쇠줄을 긁어 바위섬을 가두고 코드를 눌러 파도 소리를 건져 올렸다. 등대의 불빛이 어둠의 바다를 밝히는 상상 속에 고독한 사내 뒷모습이 떠오르곤 했다. 하지만 그 즐거움은 오래가지 않았다. 하프의 줄이 끊어지듯 이웃들이 하나둘 떠나갔다. 제각각의 사연으로 이사하게 된 것이다. 겨우 손에 익었던 악기가 손에서 멀어졌다. 창고 안 깊숙한 곳에서 하프는 잊혀갔다.

오래된 아파트에 재건축이 확정되었다. 플래카드가 바람을 탔다. 새로운 바람이 부는 소리다. 날마다 갖가지 물건들이 들어왔던 현관문을 박차고 버려졌다. 나도 정리를 시작했다. 창고 문을 열었다. 까맣게 잊고 살았던 기억들이 그 안에 가득했다. 먼지를 털어내고 정리하던 순간이었다. 낯익은 악기 가방이 눈에 들어왔다. 크로마하프였다. 악기를 꺼내려고 하자 나사가 물고 있었던 줄이 주르르 쏟아졌다. 한순간 지난 기억들이 빈터에 내려섰다.

35년 전 이곳은 허허벌판이었다. 무지개 꿈을 꾸는 사람들은 분양을 받기 위해 길게 늘어서서 순번을 기다렸다. 방송에서는 아파트 투기 과열지구라고 연일 보도되었고 헬리콥터까지 상공을 맴돌며 소란스러웠다. 빈터에는 꿈을 꾸는 사람들이 몰려들었다. 나 역시 신혼 초에 주택 마련의 꿈을 꾸었다. 흙먼지 속에서 고층아파트의 높이를 허공에 세우며 온종일을 서 있었던 것 같다.

행운이었다. 확률로 어림할 수 없는 당첨이 되었다. 그렇게 분양받은 꼭대기 집은 문만 열어두면 바람이 언제나 팔을 휘저으며 어깨를 들썩였다. 보송보송 빨래도 잘 마르고 그득하게 햇볕을 채운 베란다에는 키 작은 채송화와 제라늄, 분꽃, 장미 넝쿨을 올렸다. 베란다 문을 열고 들어오는 문밖 화단에서는 라일락 향기가 집 안으로 들어오고 덩달아 아카시아 향도 문안으로 계절을 알려왔다. 그렇게 시간이 지나갔다. 하늘로 뻗어간 이 공간에서 우리 가족을 보듬어 한자리를 지켜왔고 두 아이가 잘 자라서 분가를 했다. 그러면서 아파트도 나와 함께 늙어갔나 보다.

이 자리에 재건축으로 아파트가 지어져 화려하게 복귀한다고 하니 기대감이 생긴다…. 아파트에서의 삶은 철새처럼 목 좋은 곳을 찾아 살다가 이동하는 것인가. 함께 분양받아 이곳에 둥지를 틀었던 이웃들이 떠났고 낯선 사람들이 정을 붙이다가 또 집을 옮겨갔다.

크로마하프가 심하게 망가졌다. 마치 고장이 난 나의 모습을 보는 것 같다. 가슴 한쪽이 무너진다. 조심스레 모은 조각들을 나무상자에 담았다. 어렵게 찾은 악기점에 가서 수리를 부탁했으나 새로 사는 게 더 낫지 않겠느냐고 했다. 나는 악기를 다시 고쳐놓고 싶었다. 간절하게 부탁을 했다. 다행히 시간이 걸리겠지만 수리를 해주겠다고 했다.

크로마하프는 창고 안쪽에 있었으므로 빛이 잠긴 곳에서 버려진 줄을 몰랐을 것이다. 같이 있던 선풍기는 한 해에 한 번은 바깥 구경을 하고 제 몫을 하지 않았는가. 하프는 삼십 년 동안을 무엇을 꿈꾸었을까. 언제나 문이 닫히고 나면 빛은 소리 없이 사라져 간 후였을 텐데.

크로마하프는 가슴으로 켜는 악기다. 화음, 하모니, 균형감을 하나하나 가슴으로 짚어 나가야 한다. 첫사랑처럼 알싸했던 크로마하프와의 첫 만남을 떠올린다. 수리를 마친 악기가 돌아오면 재건축으로 다시 세워질 나만의 공간에서 다시 연주하고 싶다. 가족들과 나와 오랜 인연을 맺은 지인들도 초대해 즐거운 시간을 만들어야겠다.

저물어가는 석양을 바라본다. 지금 살고 있는 집 주변에는 가까운 산이 있고 종합운동장이 있어 좋다. 그 길을 걸으며 퇴행성 관절염에 걸린 내게, 편한 신발을 신기고 천천히 연골을 재생하는 꿈을 꾼다. 메스 대신 의지라는 부목을 대고 걸어볼 생각이다. 근육운동과 유산소 운동을 병행하며 지탱해보려 한다.

내 인생의 조바꿈이 필요한 때다. 단조에서 장조의 밝고 경쾌한 미래로. 진지하고 간절하게 시간의 벽돌을 쌓으리라. 밤이 조용해진다. 다시 처음인 듯. 크로마하프의 꿈이 접혀 있던 것처럼 내 가슴에 안고 싶었던 것은, 싱싱한 푸른 꿈이 아니었을까.

건지 감자껍질파이 북클럽

독서할 때 당신은 항상 가장 좋은 친구와 함께 있다.
(Live always in the best company when you read)
 –Sydney Smit

흔들리는 차창 밖으로 가을이 물들고 있다. 한 달에 두 번 딸과 함께 A시로 향하는 전동차를 탄다. 목요 독서모임이 있는 날이다. 책을 좋아하는 사람들의 만남이라 부드럽고 편안한 느낌이다. 참석자들의 나이 제한이 없어 다양한 세대의 인생을 바라볼 수 있어 좋다. 같은 책을 나와 다른 시선으로 바라보며 견해를 발표하는 딸. 그 모습을 보는 것도 새로운 즐거움이다.

독서모임은 발제자의 글을 시작으로 글의 줄거리, 질문사항과 마음에 와닿는 글의 구절들을 자유롭게 토론한다. 두 시간이 어느결에 흘러가는지도 모르게 자기의 생각을 꺼내고 다른 사람들의 의견을 들으며 공감대를 형성한다. 책 읽기의 완성은 글쓰기로 이어져야 한다는 지도교수님의 조언에 고개가 끄덕여진다.

미술이나 영화, 연극, 뮤지컬 등 창작예술의 감상은 글감의 범위를 넓힌다. 모임의 북카페 운영자가 「건지 감자껍질파이 북클럽」이라는 영화를 이메일로 보내왔다. 문학작품이 영화화되거나 영화가 책이 된 작품은 서로 비교할 수 있는 장점이 있다. 그런 점에서 최인호의 소설을 원작으로 하는 『고래사냥』이나 파트리크 쥐스킨트의 소설 『향수』도 오래도록 기억에 남는 작품들이다.

건지 감자껍질파이 북클럽(The Guernsey Literary and Potato Peel Pie Society)은 2차 세계대전 당시 나치 독일 점령기의 실화를 모티브로 한 편지 형식의 소설이 원작이다. 배경은 프랑스 북쪽 해안에서 멀지 않은 영국 왕실령 채널 제도(Channel Islands)의 건지섬이다.

세계 2차대전이 발발하자 건지섬을 점령한 나치 때문에 섬 주민들은 가족을 잃고 통제된 생활을 하게 된다. 어느 날 밤, 주민 몇 명이 몰래 음식을 나누어 먹고 통금시간을 지나 집으로 돌아가던 중 독일군의 검문에 제지를 당한다. 그러자 임기응변으로 '건지 감자껍질파이 북클럽'이라는 독서모임을 마치고 귀가하던 중이라고 둘러댄다. 나치에게 반기를 드는 모임을 허락하지 않는 상황에서 몰래 키운 돼지고기를 나눠 먹고, 이웃끼리 소통하는 시간을 가졌으니 문제가 될 상황이었다. 엉뚱하지만 감자껍질로 만든 음식이 독서모임 이름이 된 것이다.

이렇게 시작한 북클럽은 5년의 전쟁을 겪고도 왕성한 문학 활동을 이어가며 진정한 북클럽으로 성장한다. 하지만 독서 모임이 계속되면서 그에 따라 읽을 책의 부족함을 느낀다. 모임의 리더이자 농부인 도시 애덤스는 여러 채널을 통해 책의 기부를 요청하게 된다. 이지 비커스타프라는 필명의 작가 줄리엣에게도 그의 편지가 도착한다. 북클럽의 존재에 매료된 줄리엣은 그와 서신을 주고받으며 펜팔 친구가 된 도시 애덤스를 만나러 건지섬으로 온다. 북클럽과 나치 점령 시기의 이야기에 대해 알게 된 줄리엣은 섬의 매력에 푹 빠지고 그녀는 애초 계획보다 더 오래 머물게 되면서 건지섬에 관한 책까지 집필하게 된다.

이 영화는 “낡은 것을 수리하면서 오래 쓰는 감성(make-do-and-mend sensibilities)으로, 관객의 마음을 편하게 하는 노스탤지어를 불러일으킨 최고인 작품”이라는 찬사를 받았다. 원작인 책이 궁금해진다.

목요일이 되면 나는, 건지섬을 찾아가는 마음이 된다. 빅토르 위고가 머무르며 작품을 구상하던 멋진 섬을 떠올리며 주인공들의 사랑처럼 글사랑을 나눈다. 그곳에는 헤르만 헤세와 빅토르 위고, 예이츠가 살고 있다. 인생의 다양한 무늬를 그리는 작가들을 만나고 ‘감자 먹는 사람들’을 가장 아꼈다는 『반 고흐, 영혼을 위한 편지』도 읽는다. 딸과 함께, 젊은 에밀 싱클레어의 고백을 들으며 마시는 커피 한 잔에도 인생의 맛이 깊게 배어 있다. 스르르 마음이 녹는다.

흔들리는 전동차 안에서 『건지 감자껍질 파이 북클럽』을 펴고 돋보기를 꺼내 몇 페이지를 읽어간다. 어느 순간 글자가 일렁이며 물결이 된다. 금빛 햇살이 수면에 반짝이며 뒤로 밀려간다. 파란 바다 너머로 예쁜 섬 하나가 내게로 다가온다. 줄리엣이 사랑한 건지섬이.

나의 심장이 깜빡인다

결혼은 한 세계를 벗어나 다른 세계 속으로 들어가는 길이었다. 그의 정원에서 스물세 해를 수동적으로 살았다. 날마다 가장의 출근으로 하루가 열렸고 그의 귀가로 하루를 닫았다. 나의 모난 곳을 둥글리며 익숙해진 옷처럼 편안하게 살았다.

갑자기 빛이 가물거리고 그 세계에 빗장이 걸렸다. 건강했던 사람에게 시한부 선고가 내려졌다. 그의 채널에 맞춰 사는 내가 스스로 삶의 주파수를 찾아서 할 수 있는 것이 없었다. 처음으로 혼자 해낸 일이 그의 수술동의서에 사인하는 일이었다.

액운이 겹치는지 나는 수술대에 미리 누워 그가 누울 수술실을 경험했다. 두 달 후에 겪을 남편의 수술은 알지 못한 채, 마취되는 동안 불안과 공포감을 느꼈다. 창백하고 건조한 불빛이 온몸을 결박해 왔었다.

남편이 수술실로 들어갔다. 돌아오지 못할지도 모른다는 두려움이 명치를 때리고 또 때렸다. 많은 후회가 밀려왔다. 그의 귀환이 간절했다. 친지들이 기도에 기도를 포개며 마음을 모았다.

주말부터 남편은 체한 것 같다며 속이 좋지 않다고 했다. 병원에 가보자고 했다가 잠시 참아본다고 했다가 우왕좌왕하는 사이 점점 상태가 나빠졌다. 결국, 응급실로 달려갔다. 소장파열이었다. 즉시 수술을 해야 했다. 하지만 예전에 위암 4기로 대수술을 한 경험이 있어 우리는 구급차를 타고 Y병원으로 향했다. 수술한 지 5년 만에 벌어진 일이었다.

구급차는 성산대로를 통과했다. 늘 막히던 곳인데 양보운전 덕분에 물살을 헤치듯 도로를 빠져나가 병원으로 들어갈 수 있었다. 그런데 허둥거리느라 핸드폰 충전기를 챙기지 않은 생각이 났다. 남편을 수술실로 보내고 지하 편의점에서 충전하고 있었다. 충전되자마자 맨 먼저 병원에서 호출이다. 복부를 열고 보니 장 파열로 시간이 지체되어 복막에는 패혈증균으로 염증이 심하다고 했다. 그냥 봉합하던가, 수술한다고 해도 살 가망은 10%도 되지 않는다는 것이다. 그가 죽어도 좋다는 동의서에 재차 사인하고 수술실 앞을 서성거리기 시작했다. 그날따라 혼자 그의 수술실 앞을 지켰다. 수술실 문 앞에서 대기실 모니터 앞까지 오가기를 일곱 시간, 어느새 저녁이 오고 있었다. 심장이 타들어 가는 것 같았다. 수술실 앞 모니터에 '준비 중'이라는 백색등이 무심히 빛났다. 불나방처럼 내 살갗을 비비며 나는 그 자리를 지켰다.

낮부터 모여 있던 사람들이 어느새 쓸려나갔지만, 누구를 붙잡고 물어볼 엄두도 내지 못했다, 드디어 지친 얼굴의 집도의가 나온다. 내게 팔목을 잡힌 간호사에게 상태를 들었다. 이제야 수술이 끝나 중환자실로 가는 중이라고 했다. 매우 급한 상황이라서 모니터의 글씨를 바꿀 정신이 없었다고 했다. 하필 그이의 상황표는 '준비 중'에 멈춰 서있었던 것이다.

뒤늦게 연락된 아이들이 중환자실 앞에 모였다. 잠깐 의사와의 면회가 허락되었다. 아들의 입대가 2주도 채 남지 않은 때였다. 머리를 짧게 깎은 아들이 군대에 간다고 하자

의사 선생님이 아들의 어깨를 감쌌다. 이제 살 확률은 50% 라고 했다. 처음 수술 때보다 이번 수술이 더 어려웠다며 아버지를 생각하고 군 생활을 열심히 하라는 격려도 잊지 않으셨다.

간신히 버틴 다리가 풀렸다. 탈진으로 기절을 했다. 병상이 없어 이송했던 인근 병원에서 깨어났다. 팔에는 링거를 매달고 있었다. 잠시 내게 돌던 수액은 그를 돌봐야 할 만큼 여유롭지 못했다. 그에게로 달려갔다. 밤새 그의 귀환을 돕는 수액이 방울방울 떨어지는 시간을 지켜보며 감사의 눈물을 흘렸다.

아무렇지도 않게

아침은 분주하다. 다녀오라는 말도 엘리베이터 문 앞에 멈춰 선다. 늘 미소짓던 복도 끝의 여자도 그의 남편과 눈인사를 하고 있었다. 승강기 문이 닫히자 나는 설거지를 마무리하느라 발길을 돌렸다. 잠시 후 밖에서 들려온 소리에 문을 다시 열었다. 그녀는 아직 거기 서 있다가 놀란 듯 문 안으로 사라졌다. 왠지 가슴이 덜컥 내려앉았다.

바람이 불었다. 볼일을 마친 후 베란다 창문을 열어둔 생각이 났다. 그날따라 빨랫줄에 가득 널어놓은 옷가지들이 어수선하게 나부끼는 모습이 떠올랐다. 심란해지기 시작했다. 어머니는 해 질

녘까지 빨래를 널어놓으면 집안에 우환을 끌어들이는 것이라고 늘 말씀하는데, 그날은 늦게 귀가를 했다.

오전 10시경 아파트단지 내에 폴리스라인이 설치되었다고 한다. 엘리베이터 앞에서 인사를 나눈 여자가 실족사를 했다는 것이다. 그녀는 빨래를 널고 있었다는데…. 쓸데없는 소문이 나돌기 시작했지만 나는 그녀가 삶을 포기할 만큼 힘들게 산 것이라는 생각을 떨쳐버릴 수가 없었다. 우리는 가까우면서 가깝지 않은 무심한 사이였는지도 모른다.

다음 날, 또 다음 날도 아무렇지도 않은 아침을 맞는다. 남편과 아이들을 출근시키고 창문을 연 뒤 라디오를 켠다. 세탁기에 세제를 주입하고 라디오 볼륨을 높인다. 듣는 사람이 없으니 노래를 따라 불러도 상관없다. 세탁기와 라디오가 내는 부조화의 소음이 묘하게 어울린다. 베란다에서 빨래를 널던 그녀가 영화의 엔딩씬처럼 느리게 지나간다. 사는 일은 그런 것인가보다. 누군가 흔적 없이 사라져도 아무 일 없었던 것처럼 노래가 흐르고 나는 또 이렇게 살아가니까 말이다.

오늘도 나는 묵은 시간의 호주머니를 뒤집어 빨래를 한다. 하늘과 가까워지는 시간이다. 하늘을 향해 경건하게 팔을 올리고 내린다….

오늘을 배웅한 빨래들이 깃발로 나부낀다.

신시모도 가는 길

그 섬에 가고 싶었다. 영종도를 건너는데 안개가 자욱하다. 삼목 선착장 앞에는 차들이 길게 늘어서 있다. 안개는 쉽사리 걷힐 것 같지 않다. 갓길로 내려선 사람들의 발목을 붙잡은 안개는 주변의 풍경을 지우고 있다. 조바심을 내려놓는다.

신시모도를 향해 나선 길이다. 신시모도는 인천광역시 옹진군에 있는 섬으로 신도, 시도, 모도 세 개의 섬이 서로 연결되어 있다. 그중 신도는 뱃길로 10분 거리다. 바다의 허락을 구해야만 건널 수 있는 먼 거리이기도 하다. 드디어 안개가 걷혀 출항이다. 변덕을 부리는 아이 같던 바다는 어느결에 온순해졌다.

신도에 들어서자 핑크빛 지붕을 얹은 예쁜 집들이 시선을 사로잡는다. 그런데 섬 안에 주민들이 보이지 않아 섬을 독차지한 기분이다. 늦가을의 정취를 느끼며 구불거리는 산길을 걸었다. 멀리 야트막한 언덕에 자리한 성당이 보인다. 성모상에 작은 기도를 올리고 성당 안으로 들어갔다. 그리 크지 않은 공간, 화려한 장식도 없다. 스테인드글라스를 통해서 들어온 빛과 마주한 순간 겸허해진다. 성호를 긋는다. 오랜만에 십자고상을 바라보며 묵상을 한다. 구순을 지난 어머니의 건강을 기원하고 발길을 돌린다.

시도는 고려말에 강화도 마니산에서 과녁 삼아 활쏘기 연습을 한 섬이다. 시도 때도 없이 날아온 화살 때문에 섬 주민들은 편안할 날이 없었을 것이다. 세월이 가고 이제는 사람들이 편하게 다녀가는 아름다운 여행지가 되었다. 시도는 수많은 생명을 품고 있다. 주름진 갯벌에는 뻘게들이 수시로 구멍을 들락거린다. 썰물에 품 안의 자식들을 내보내고 섬은 지금 휴식 중이다.

방죽길을 따라 해당화 꽃길을 걷는다. 계절을 지나온 길

위에 빨간 열매와 해당화 서너 송이가 푯말처럼 남아 있다. 꽃이 진 길을 따라 '해당화가 곱게 핀 바닷가에서' 노래의 꽃이 피어난다. 집요하게 웃음을 주문한 S의 사진기 앞에서 우리는 마술에 걸린 듯 맑게 웃는다. 어느새 가슴을 눌렀던 긴장이 바람에 날아간다. 이 섬에서 나는 웃음을 찾았다. 아무런 티끌도 달라붙지 않은.

한때, 호젓한 섬여행을 꿈꾼 적이 있다. 하지만 생각만 하고 떠나본 적이 없다. 외진 섬에서 한 열흘 섬사람으로 지내보고 싶었다. 민박집 할머니나 총각에게 살붙이인 양 흉허물 없이 정을 나눠보고, 섬 아낙처럼 바지락을 캐며 얼굴에는 개흙도 묻혀보고, 쪽창을 열고 들어온 짠 내음에 숨도 터보고. 수평선을 밀고 당기는 바다에 젖는다. 떠나온 곳이 눈물 나게 그리워질 때까지 갯배를 끌어당기며 하루하루 섬에 깃들고 싶었다. 그런데 아직도 생각만 하고 있다. 이번 여행이 조금은 보상해 준 느낌이다.

모도의 백사장을 한동안 걸었다. 여행에 동행한 그녀가 먼저 다가와 팔짱을 낀다. 평소 서먹하던 사이였는데 글에 대한 공통 화제 덕분인지 금세 어색함이 물러난다. 발에 조개껍데기들이 밟힌다. 시간이 만든 매끄러움이다. 그중에 몇 개를 주웠다. 실을 꿰면 멋진 목걸이가 될 것 같다. 딸에게 선물해야지. 모래를 털고 호주머니에 넣는다. 신시모도를 거쳐 온 조개껍데기의 여행은 이제부터다. 집에 데려가면 모도 댁이라 부르고 파도에 닿았던 시간을 소환할 수 있을 것이다. 어느새 낙조로 바다가 물든다.

기러기들이 시옷 자 대열을 지으며 날아간다. 겨울이 오는 중이다. 섬에는 밀물이 돌아오고 우리는 그 섬을 떠난다. 각자의 눈에 담긴 웃음의 씨앗들, 언젠가 발아하여 이야기꽃이 되겠지. 신시모도의 기억들이 벌써 뱃전에 부서져 출렁인다.

휘발합니다

분꽃은 최선을 다해 하룻밤을 소진합니다, 아침이면 연분홍 기억을 놓칩니다.

기억을 접고 잊고 있었습니다.

꽃이 진자리에 까만 씨앗이 맺힙니다. 한 알의 씨앗이 맺히면 빛과의 이별을 준비합니다.

까만색은 포용의 어머니 품입니다. 들을 수도 없고, 볼 수도 없는 영혼의 세계, 그러나 포근합니다. 분홍빛을 소유한 마음속 보따리가 커집니다. 씨앗은 제자리를 벗어납니다.

여자가 시집을 펼칩니다. 마음이 읽히지 않아 꽃물이 으깨집니다. 밤이 사라질 때처럼 아픔을 기록합니다. 빛깔을 다 써 버린 페이지에서 핼쑥한 미농지 얼굴빛이 이슬을 고이게 합니다. 오래전 살던 곳에서 저녁을 수놓던 적이 있습니다. 가벼워지면 날개가 돋아나는가 봅니다. 꽃잎에서 바스락 소리가 납니다. 수술 하나, 책갈피에 떼어놓고 마침표를 아침이라고 찍습니다.

4

레인스틱

사막의 언어를 새긴다. 입이 마른다. 꽤 오랫동안 마음에 가뭄이 들었다. 초저녁에 시청한 다큐멘터리 이미지가 눈에 자꾸 밟힌다. 불면이다. 꿈속에서 모래바람을 만난 나는 사막의 실크로드를 헤매고 있다.

아프리카는 건기 속에 있다. 소녀가 화면 깊숙이 나를 끌고 들어간다. 붉은 먼지가 사막을 횡단하고 동그란 눈동자가 클로즈업된다. 물이 숨어버렸다. 어린 야생 동물의 뼈들이 먼지를 가른다. 초원이 사라졌다.

물의 숨소리를 찾느라 바닥을 더듬는 아이의 맨발에는 상처와 물집투성이다. 맨몸으로 걷기에도 벅찬 길, 목덜미를 누르는 사각의 물통을 이고 반나절을 되짚어 와도 물독은 찰랑대지 않는다. 벽에 기대앉은 병든 할머니와 어린 동생을 돌보는 열두 살 아이. 겨우 얻어놓은 바싹 마른 콩을 불려야만 허기를 면할 수 있는데, 그마저도 쉽지 않다. 하루만큼의 꿈조차 꿀 수 없는 아이의 얼굴에는 버짐 꽃이 피었다. 내 생의 반나절을 채우지 못한 물독처럼 생각이 깊어졌다. 기어코, 불면이다….

불면의 시간에 굴착기를 들이대고 심연을 파 내려가면 어디쯤, 옹달샘처럼 솟아나는 글의 줄기를 찾아낼 수 있을지도 모르겠다. 암반에 가둔 물소리, 무딘 촉을 갈아 바닥을 보여줄 때까지 한자리 오래 지켜내면 물 냄새를 맡는다는 코끼리의 직관력이 생길지도 모른다. 아직 내 코끼리는 돌아오지 않았다.

내 글 속에는 시와 수필이 샴쌍둥이로 살고 있다. 수필 속에는 시가, 시 안에는 수필이 한 몸으로 껴안고 있다. 늘 불완전해 보인다. 시를 찾은 교실은 뜻밖에도 수필을 강의하는 교실이었다. 한번 들여놓은 발을 빼지 못하고 엉거주춤 주저앉아 수필공부를 했다. 시적(詩的)이지만, 수필은 아닌 것 같다는 지적을 많이 받았다. 난관이었다. 돌아 나오고 싶은 순간들이 나를 들쑤셨다.

수필로 등단하고 나서야 시 창작을 시작했다. 채우지 못한 갈증이 조금씩 해소되어 갔다. 멋진 시의 목소리를 들으며 새 옷 한 벌을 장만하는 것 같았다. 어느새 시의 숲에서 호흡하는 나를 느꼈다. 간간이 부는 녹색 바람에 차츰 신열이 오르내렸다. 읽고 듣는 것에서 창작의 욕망이 일었다. 십 년을 머뭇거리다가 시로 등단했다.

지도 교수께서 레인스틱을 선물해 주셨다. 레인스틱은 인디언들이 기우제를 지내기 위해 주술의 목적으로 사용했다. 요즘엔 타악기로 쓰이기도 한다. 긴 막대를 모래시계처럼 거꾸로 세우는 동안 빗소리가 들린다. 소리가 좋아 또 흔들고 흔들다가 생각의 발부리에 걸리고 만다. 정신 차리라는 죽비소리로 들렸기 때문이다. 의미가 담긴 시의 언어를 직조해야 하는 강박증이 생기기 시작했다.

사물에게 말 걸기가 필요했다. 만져 보고 흔들어 봐도, 속내를 보여주지 않던 '레인스틱'에게 말 걸기를 포기할 즈음 불현듯 시가 내 품에 안겼다.

내게 온 레인스틱은 사막에서 빗소리를 그리워하다 풍장이 된 선인장이었다. 가시를 떼어 낸 자리가 달 표면처럼 움푹움푹하다. 선인장을 잘라내어 안에 곡식을 넣고 다시 닫아 만든 것이다. 돋아 있던 가시로 제자리의 구멍을 막고 서야, 온전히 기우제를 위한 스틱이 된다. 곡식 알갱이들이 몸을 부대껴 내는 간절한 빗소리가 사막을 적시는 듯하다. 사막에서 선인장은 몸이 타들어 갈 때까지 비를 기다렸을 것이다. 녹색의 시간을 몽땅 잃어버리고 갈색으로 말라버린 몸, 그 염원이 고스란히 풍장의 시간에 무늬로 남아 비를 불러오는 도구가 되었다. 마음이 타들어 가는 사람들에게 물소리를 들려주어 힐링이 된다는 악기다. 물로 이루어진 내가 물이 말라갈 때마다 쓰다듬고 흔들고 또 흔든다. 사막의 아이가 어른거린다. 아이의 눈물이 내 마른 샘에 똑똑 떨어진다.

우기가 되면 '렌소이스 오아시스'에는 호수가 생겨나고 웅덩이마다 찰랑거린다. 야생의 무리가 떼 지어 오아시스로 걸어 들어오는 꿈을 꾼다. 코끼리 떼의 우렁찬 울음소리가 모래바람을 건너와 목을 축이는 평화의 시간, 다시 살아난 초원은 빗소리로 생기를 얻는다.

오래 기다리던 빗소리가 유리창을 때린다. 창문을 열고 손을 내민다. 비를 유난히 좋아하던 시절이 있었다. 말라버린 가슴에 사막의 언어를 받아 적어야겠다. 물병자리에 별이 차오른다.

사막의 언어를 새기며/ 미라가 된 선인장/ 비의 스틱을 흔든다//
모래바람이 길을 지우면/ 물병자리를 잃은 실크로드/
물의 숨소리를 찾느라 맨발로 헤맨다//
사각의 물통을 이고/ 반나절을 되짚어 와도 출렁거리지 않는, 눈물/
먼지투성이에서 버짐 꽃이 핀다// (중략)
-「레인스틱」 중에서

시를 줍다

파도가 유난히 거세다. 털썩 모래톱에 주저앉아 먼 수평선을 바라본다. 파도는 한 사내처럼 모래톱에 달려와 발자국을 지우고 간다.

오래전 초로의 남자가 모래웅덩이를 파고 바람을 피했던 풋사랑 얘기를 했다. 입대를 앞두고 그의 친구가 주선한 미팅에 나갔다. 물보라 속에서 세 쌍의 젊은이들은 파도를 넘으며 청춘을 즐겼다. 의도적이었는지, 언제 사라졌는지도 모르게 둘만이 모래펄에 인생의 무늬를 그리고 있었다. 바다는 어둠에 잠기고 파도의 목청만 커질 뿐,

부족한 걸 사러 간 커플들은 밤이 되어도 돌아오지 않았다.

숨어버린 친구들 때문에 밤바람을 견디려고 두 사람은 두 개의 모래웅덩이를 팠다. 낮의 열기를 거둔 밤은 추웠다고 했다. 하는 수없이 하나의 웅덩이를 크게 파고 함께 웅크려 앉게 되었다. 그러다 심장이 뜨거워진 남녀는 서로의 입술이 닿았으며 그 밤, 눈이 초롱초롱하게 빛나던 한 여자를 사랑하게 되었다고 했다.

썰물처럼 빠져나간 추억에 젖어 있던 날, 바닷가에서 만났던 그녀가 가출했다는 전언을 받았다. 그녀의 부모가 딸의 일기장에 적힌 그의 이름을 알게 되자 그를 불러 자초지종을 물었다. 바람이 그들을 휘감아 입맞춤한 것이 가출의 원인이었다. 그녀는 결핵을 앓고 있었다는데. 죄책감이 든 여자는 수녀원으로 숨어버렸다.

바다에서 펼쳐진 모래웅덩이 사연을 표현하지 못해 시의 씨앗을 허망하게 잃었다. 무심하게 시간은 흘렀고 다시 바다를 찾았을 때, 잠깐씩 내게 모래웅덩이가 생겨났다가 씻겨가곤 했다. 어느 날, 모래펄에 서 있었다. 바다는 커다란 울음소리로 흐느끼더니 거대한 몸집으로 첼로의 무반주 연주를 들려주기 시작했다. 오랜 시간 그의 호흡을 느끼며 나는 '모래웅덩이'를 선명하게 주울 수 있었다.

바람의 활을 든 바다가 커다란 웅덩이를 핥고 지나간다. 모래밭에 새겨놓은 사랑의 세레나데, 이제는 광염 소나타를 연주하며 밀물져 온다. 아름답고 슬픈 전설의 전곡을 연주하고 있다.

바람을 만나다

겨울 바다를 보러 간 날은 바람이 몹시 불었다. 강화도 외포리 갯가, 썰물로 바다는 멀어지고 쪽배는 발이 묶여 있다. 작은 배가 바람과 맞서고, 접힌 돛을 바람이 흔들고 간다. 생각의 발걸음은 점점 빨라지고 나는 뻘밭에 걸어 들어가 펼치다 만 돛을 펼친다. 밀물을 기다려 격랑의 바다를 헤엄칠 꿈을 꾼다.

J의 방, 벽에 붙어 있던 쪽배 사진을 떠올린 건 우연이 아니다. 그만큼 강렬하게 지배적 인상으로 각인되었다. 사진작가인 그녀는 넓은 세상

으로 떠나고 싶어 했다. 카메라 앵글에 열중하던 가녀린 몸, 하얀 피부는 그녀의 흑백 사진과 대조적이면서도 조화를 이룬다. 흰색과 검은색의 대비, 그녀를 간결하게 표현할 수 있는 색채다.

J는 고생이라고는 해본 적이 없어 보였는데 사는 일이 힘들다고 했다. 좀 더 우리는 가까워진 모양이다. 머뭇거리다 꺼내지 못할 말을 꺼내고 후련해 했으니. 그녀에게 호감이 있었고 매주 외국어를 배우러 함께한 2년여 시간이 흘렀다. 순수하고 깔끔한 성격이어서 별 의견 충돌 없이 서로를 배려해 왔다. 오랜 친구처럼 마음이 맞았던 사람이다.

어느 날, J가 찻집에서 이민을 결정했다고 말했다. 그녀의 가슴에 풍랑이 일었다. 나고 자라 철들고 꿈꾸던 고국을 떠나려는 것이다. 그 겨울은 얼음 바늘이 돋은 것처럼 마음이 아팠다. 그녀가 짐을 다 꾸렸다며 집에 들렀다 가라고 했다. 그녀의 방에서 하얀 커피잔에 온기를 데우기까지 시간이 걸렸다. 한 사람이 누울 만한 매트에 전원을 켜고 앉으니 왈칵 가슴이 메어온다. 순탄했던 삶을 뒤흔드는 광풍과 싸운 후. J는 큰 바다를 건너기로 단호한 결심을 했다.

하얀 벽에 걸린 돛배 사진, 빈 배를 앵글에 담은 그녀가 더없이 쓸쓸해 보인다. 장식 없는 단출한 방에 즐겨 사용한다는 카메라 장비가 수납장에 정리되어 있다. 가지런하게 접어놓은 하얀 침구는 언제나 떠날 준비가 되어 있는 여행자의 집을 생각하게 했다.

서너 해 만에 핼쑥했던 J가 돌아왔다. 얼굴에는 노을빛을 담고 안정된 모습이었다. 가느다랗고 허약해 보인 손목과 몸매는 탄력 있고 유연했다. 이제 그녀가 나를 안아줄 힘이 생겼다. 수없이 셔터를 누르던 손은 거칠었으나 마음은 온화하고 다정했다. 그녀의 눈가에 잡힌 잔주름까지도 아름다웠다. 작품은 무르익었고 해외에서 한 획을 긋고 있다. 언젠가 또 그녀의 손을 잡아볼는지 알 수 없다. 짧은 시간 동안 머문 순간들, 또 다른 사유의 세계를 인식하게 해 준 만남이었다.

그녀는 사막의 사진을 앵글에 담아 세계여행을 하고 있다. 무채색의 절제미를 포함해 사막은 모래 물결이 만들어낸 삶의 굴곡을 상징한다. 해외에서 그녀의 작품은 좋은 평가를 받고, 사진첩에서 본 작품들은 전보다 깊어진 것 같았다. J의 배는 한결 격이 다른 모습으로 순항하고 있다.

사막의 한가운데 그녀의 실루엣이 물결친다. 앵글에 삶의 시간을 멋지게 담아내길 빈다. 그가 바라보는 세상의 눈, 우리에게 공감이라는 단어가 적절하리라. 두려움 없이 그녀가 헤엄쳐 간 바다, 돛을 풀고 바람을 채운다.

너에게로 가기 위해 꿈에서조차 흔들린다.

향기로 지은 집

길이 묻히고 길이 생긴다. 편백나무 숲이 폭설에 갇히고, 상고대에 흰 수수꽃이 피어난다. 공방의 전기톱 소리가 멈췄다. 톱질하던 남자도 한 계절을 쉬기로 했다. 먼 곳에서 설해목 꺾이는 메아리가 들린다. 그녀의 찻집에 발걸음을 놓았다. 겨울이 되어 푸근한 그녀의 온기가 그리워진 듯하다.

나무의 속살을 켜 무늬를 찾아 지은 집, 벽난로는 벌겋게 열을 내고 물이 끓는 주전자의 수증기가 안개로 피어난다. 낯선 얼굴들이 몸을 비켜

자리를 내어준다.

그녀를 시 창작 교실에서 만났는데 오래지 않아 헤어졌다. 남편의 나무 공방과 찻집을 함께할 수 있는 터를 찾았다고 했다. 드디어 찻집이 문을 열었다. 봄부터 가을까지 꽃을 채취해 말리고 찌고 덖어서 차를 준비한다. 차를 대접하는 일이 조용하고 깔끔한 그녀와 잘 맞는다. 그녀가 야생화를 찾아 손수 준비한 꽃차에 눈길이 간다. 찻물을 부으면 지천으로 핀 산국의 향기가 우러나와 가을 산속을 거니는 것처럼 상쾌하다. 계절을 재현하는 꽃들의 향연을 맛보게 한다. 자연을 닮은 그녀.

통유리창에 천연 염색한 민트색 커튼을 늘어뜨려 바람을 막아주고 화사하다. 한결같이 복사꽃 빛이 얼굴에 흐르고 속되지 않은 맑음이 그 눈 속에 들어차 있다. 그녀를 찾아온 낯선 사람들과 나 역시 금세 차의 향기를 나누어 마신다. 겨울은 구수한 이야기를 풀어 놓게 하는가 보다. 화롯가의 불꽃들이 수수 이삭처럼 피어난다. 공방의 주인이 화로에 부젓가락을 뒤적이자 군밤이 톡톡 터진다. 나무 향기 가득한 찻집에 사람들의 향기가 섞인다. 마른 꽃들이 피어나는 계절이다.

침목

'첫 문장이 강한 인상으로 기경(起耕)되면 시가 싹을 틔운다. 나는 퇴고에 많은 공을 들이는 편이다. 침목이라는 작품은 깊은 인상으로 남아 있어서인지, 아니면 오래 봐왔던 때문인지 퇴고를 그다지 오래 하지 않았다. 수없이 눈물을 흘리며 지나다녔던 철길에서 '침목'은 온전히 자신을 보여 주었고 말없이 나와 교감하고 있었다.'

새벽 운동을 하러 아파트단지 내에 있는 동산으로 향했다. 야트막한 야산으로 급경사는 아니었는데 언제부터인지 침목으로 계단이 만들어졌다. 반가운 이를 만난 것 같았다.

새벽 운동이 일상이 되어갔다. 아침 공기가 상쾌했다. 침목을 스치며 바라보던 거리에서 몸으로 만나는 가까운 거리다. 침목을 계단 삼아 밟는 감촉이 좋다. 맨손체조를 하고 기구를 이용해 굽어드는 허리도 펴려고 애를 썼다. 남편과 함께하던 배드민턴은 팔목이 아파서 차분한 동작으로 몸을 이완시킨다.

저만치 떨어진 공을 주우려다 무심결에 침목에 눈길이 간다. 기름으로 얼룩지고 상처를 입은 듯 여기저기 팬 곳이 눈에 띄었다. 점차 병 들어가는 내 모습처럼 측은했다. 침목이 등산로의 계단이 되어 있을 때 자연으로 돌아가리라 꿈을 꾸었을 테지.

시 한 편이 마음에서 솟아났다. 10편의 시를 모아 투고를 하기로 했다. '침목'도 함께였다. 침목이라는 한자를 찾다가 의미를 상세히 알게 되었다. 침목의 쓰임새를 찾다가 거기에 경구처럼 버틴 문장을 읽게 되었다. 폐침목은 산을 오염시키기 때문에 쓰지 않는다니 자연으로 돌아갈 수 없는 것이다.

마지막 2행을 추가로 써넣었다. 제출하기 전이라 천만다행이었다. 얼마 후, 동산을 오르던 계단에 침목 대신 인조

계단이 산의 등뼈가 되어 있었다. 슬픔이 안개처럼 피어오른 날이다.

길들은 숲을 내주지 않는다. 침묵은 침묵 중이다.

기억을 잡고 있던 고리들이 헐겁다

별빛을 꿈꾸던 시인의 지난날을 더듬는다. 빗소리가 달콤했다던 그가 병으로 시달리며 너무 아프다고, 삼대독자를 보내고 살아가야 할 엄마가 가엽다고 눈물 번진 편지를 보내왔다. 만년필을 동봉해서.

뜻 없이 위문편지를 보내겠다고 약속을 했으니 무색무취한 답장이라도 보내야 했다. 바람에 풀잎이 떤다든가. 친구들은 어떻다든가. 진지하지 못한 글을 보내고 미안했다. 우체부가 호명하는 소리에 장지문에 기대앉은 몸을 벌떡 일으켰을 그다. 내용 없이 가볍게 쓴 편지가 들판의 계절로 채워져도 그냥 반가움에 좋았다고 했다.

흙먼지를 소식처럼 퍼트리며 달려오는 우체부를 기다리던 그가, 눈물과 섞여 번진 글을 읽게 만들던 그가, 영원으로 돌아가는 날은 언제라고 기별도 하지 않고 홀연히 사라졌다.

그의 병문안을 하려고 친구들과 남도행 기차를 탔다. 그는 이미 병원에서 퇴원한 뒤였다. 헛걸음으로 돌아오려다 그의 시골집에 가보기로 했다. 들판이 이어지는 길가에는 이정표도 안 보이고 길을 물어도 쉽게 찾지 못했다. 한참을 헤매다가 늦은 시각에야 그의 집에 당도했다. 친구들과 찾아간 집에 그는 없었다. 다른 곳으로 옮긴 후 연락이 안 된 것이다.

책상 위에 가지런한 원고지와 필기도구가 보였다. 벽에 걸린 감색 양복은 입학 선물이었다고 "언제쯤 저 옷을 다시 입을는지." 혼잣말하며 그의 어머니가 부엌으로 나가셨다.

아들의 친구들에게 저녁을 지어 주시려고 가마솥에 쌀을 안치고 불을 지폈다. 연기 때문인지 어머니는 연신 눈물을 훔치셨다. 곁에 앉은 내게서도 알 수 없는 슬픔이 흘러나왔다. 오래 비워둔 방은 쉽게 온기를 허락하지 않았다. 황토벽 틈새로 연기가 새어 나왔다. 그의 어머니 가슴을 조각내고 있듯이….

젊은 시인의 행성이 되었던 시, 점점 빛을 잃은 명왕성처럼 이름을 잃어버린 별이 되었다. 시의 길로 들어선 그가 미네르바의 부엉이가 되어 가슴에 쪼아놓던 생각을 되새겨 본다. 온 마음을 던져서 얻고자 했던 원고지에 심어놓던 시, 그가 다 채우지 못한 원고지의 붉은 길을 지금 내가 걷고 있다.

그냥, 꽃이었다가

저물녘, 방사형의 건널목에는 온갖 바람이 서성거리다 흩어진다. 적색 신호에서 멈추었던 걸음들. 푸른 약속이 살아나 다시 길을 떠난다. 유독 비바람이 심한 날, 젖은 나는 따뜻한 커피 한잔이 절실했고 적도 끝에 올라선 듯 몸이 뜨거워진 날, 체온을 내릴 시간이 필요했다.

신호등 앞에서 눈보라를 만났어. 녹색불에도 건너지 못하다가 카페 불빛을 보았지. 보도블록에 무작정 올라섰어. 커피 베네 로고를 따라

들어섰다.

커피잔을 감싸고 절반쯤 마셨을 때 처음인 듯 너를 만났지. 컵 속의 설강화가 보이기 시작했다. 겨울꽃, 마음에 설강화를 심고 겨울을 사랑해볼까. 비탈을 일으키듯 찻잔을 세운다. 평탄했던 일상에 회오리가 일어 너를 내려다보던 눈금이 내 키를 넘는다.

설강화의 꽃말은 희망이다. 일월의 꽃, 설강화와 눈맞춤한 건 행운이었다. 혹독한 겨울을 견디며 일어선 강인함을 보았다. 흰 꽃잎에 새겨진 초록 하트. -너는 사랑할 줄 아는구나. -혹한기를 건너며 긴 겨울, 네게서 위로받는다. 요정과 만나는 동안 희망이 생긴다. 너와 나 사이에 긴 사연이 기록될 테니까.

기억 속에서 몇 줄의 곡예가 줄을 타곤 한다. 찻잔을 기울이면서 갈색 옷으로 성장한 너의 모습을 바라본다. 얼룩을 닦다가 네가 보인다. 너는 흔적을 지우는 게 아니고 기억을 자라게 한다. 컵 속을 들여다보면 얼룩진 시간이 그립기까지 하다. 눈금이 자라면서 너는 내게로 뿌리를 뻗는다

슬픔은 아직 녹지 않았다. 한동안 이별을 곱씹으며 몸

을 낮췄을 뿐이다. 내겐 겨울이 너무 많아. 강기슭에 살얼음이 진다. 너를 읽으면 날마다 너는 소망을 주고 혹한기를 어루만졌지. 컵 속의 컵을 복제하며 햇살을 마시는 시간, 각설탕 같은 봄을 빨아들인다.

겨울 강을 건너 사월쯤엔 꽃을 지우는 시기. 새 땅에 너를 옮겨 희망의 포기를 나눌 생각이다.

복사꽃 수의

돌개바람이 봄의 모서리를 돌다 꽃담을 무너뜨렸다. 복숭아나무가 뿌리째 뽑히고 말았다. 비바람 치던 날 떠난 언니처럼 그때처럼 빈자리가 생겨났다.

세 살 터울인 언니와 나는 다정했다. 계절의 건널목마다 햇살의 신호등이 켜지고, 우리는 봄을 따다가 늘 비단 꿈의 연둣빛 발을 내걸었지.

예기치 않은 의료사고로 언니를 잃게 되자 집안은 슬픔의 강물이 출렁거렸다. 이승의 마지막 순간, 세상에 두고 가는 눈물방울이 내 손바닥에 닿았다. 세월이 지나가도 마르지 않는 아픈 눈물이었다. 어린 딸의 모습을 담아두려고 끝내 눈을 감지 못한 언니. 아이의 손을 붙잡아 보지도 못하고 어떻게 그 강을 건너갔을까.

영화 GOOD & BYE'를 우연히 시청하게 되었다. 장의사가 고인의 사진을 들여다보며 화장을 해주는 장면이었다. 오래도록 마음에 남았다. 장의사는 슬픔에 잠긴 가족들에게 망자의 가장 아름다운 표정을 기억할 수 있도록 애쓰며 위로했다. 가장 좋은 옷을 입혀, 가장 예쁘게 떠나보내려는 것이다.

단정하게 새벽을 준비하던 몸가짐. 꽃잎 수 놓아서 스물여덟 해 살고 간 언니에게 화사한 복사꽃 수의 입힐 수만 있다면…. 그 계절이 다가올 때마다 환상통을 앓는다. 가슴에 흩뿌리는 복사꽃, 꽃잎이 지고 나면 또 슬픈 눈망울이 내게 머물곤 한다.

햇살의 기록이 사라져 간다. 스물여덟 번째 햇살의 기록은 복구할 수가 없다. '삭제'라는 신의 명령어를 잃어버렸기 때문이다.

막사발 이야기

가마에서 그가 태어났다. 1,300도의 고온과 불의 시간을 견디고 마침내 이 땅의 공기와 만났다. 불의 사랑이다. 불의 언어를 받아들이는 건 온전히 그의 몫이다. 온 정성을 쏟아부은 도공의 땀, 탄생의 비밀은 사랑이다.

이도다완의 명맥을 이어가는 가마터를 보러 간 적이 있다. 연밭이 있는 풍경 속에서 연잎을 꺾어 머리에 쓰고 빗속을 개구리처럼 뛰었다. 그날, 장작가마에서 구운 그릇 두어 점을 샀다. 신비로운 비색의 도자기들이다.

흙으로 빚은 그릇을 좋아하기 시작한 건 오래전 친구가 공예과 전공으로 물레를 돌렸던 시절부터다. 그녀가 빚은 작품에 이름을 불러주는 순간, 흙은 생명을 부여받는다. 그녀의 '하얀 새'도, 하나밖에 없는 사각 접시도 그렇게 태어났다.

그릇은 무엇인가를 담기 위한 것이다. 내가 담고 싶었던 것은 무엇이었을까. 소꿉놀이하던 사금파리의 추억을 불러온다. 시간은 천천히 흐르다가 훌쩍 상상의 공간으로 이동한다. 살짝 곁들여 놓은 한 송이의 풀꽃이 자연스레 흙을 만지고 풀꽃을 가지고 놀던 먼 시절의 샘가로 이끈다. 어릴 적부터 조막만 한 손으로 소꿉 살림을 살았던 이유를 생각해본다. 사는 건 만만치 않은 것이라는 듯, 여섯 살 때부터 시작한 살림살이는 지금까지 오래도 이어지고 있다.

잡지에 실린 도자기를 우연히 보았다. 생활자기다. 자연에서 익숙했던 달개비꽃, 개여뀌를 그린 소박한 그릇이다. 한가한 날, 사진 속의 도자기를 만들었다는 공방을 찾아갔다.

외부에서 바라본 도자기 공방은 직사각형의 건물로 외떨어진 곳에 서 있는 갤러리를 연상시켰다. 철문을 밀자 작업실이 보였다. 친구가 만지던 물레도, 흙도 친근하게 다가왔다. 초벌구이를 기다리는 도자기들이 가마에 들어가려고 줄지어 늘어서 있다. 도예가는 흙을 치대며 작업 중이다.

2층에 올라서니 환한 빛이 통유리창을 통해 들어왔다. 탁 트인 듯 주변이 시원하게 바라보였다. 그릇의 종류와 크기에 따라 가지런히 잘 정돈된 공간이다. 도예가의 성품인 양 간결하게 진열한 모습이 좋았다. 편하게 둘러보라는 말을 듣고 한동안 그릇 감상에 푹 빠졌다. 서구적 색채를 띤 독특한 작품들도 작가의 또 다른 예술의 영역을 느끼게 했다. 공방을 나서면 바로 풀꽃들이 지천이다. 그는 바람 소리를 꺾어보고 수줍고 낮게 엎드린 풀꽃을 붓끝에 옮겨 그릇에 심는 것이다.

그릇에 음식을 담다가 생각을 겹친다. 산길에서 만난 달개비꽃의 푸른 빛을 떠올린다. 소박하고 정갈한 그릇, 정성스럽게 음식을 담게 되고 차분해진다. 모난 것을 이지러뜨리는 마음의 여유도 찾는다. 개여뀌의 접시에 나물을 올리다가 숲에 든 바람 소리에 귀를 열거나, 이슬에 젖은 연꽃을 상상해도 기분이 좋아진다.

생활자기를 가까이하며 도예가와 친분이 쌓여갔다. 흙을 주무르고 치대며 불의 시간을 기다리는 과정을 거쳐야만 원하는 그릇을 얻게 되는 것을 알게 되었다. 도공과 그릇은 자식과 부모의 관계를 닮았다. 도예가가 하나의 그릇을 완성할 때까지 들이는 그 정성과 마음으로 그렇게 아버지는 우리 일곱 남매를 똑같이 보살피셨다. 빛깔과 모양과 크기가 다른 그릇처럼, 생김새도 성품도 같지 않은 우리를 온 마음을 다해 사랑하셨다.

막사발 하나를 선물로 받았다. 내게 온 막사발은 붉은 갈색을 띠었다. 표면이 거칠고 마마 자국인 양 얽어있다. 차의 숙우로 써도 되고, 막걸리를 담는 잔으로도 그릇은 여전히 거기에 걸맞을 것이라고 했다. 그렇다면 두루 쓰일 수 있다는 뜻이 되기도 한다. 막이라는 말은 함부로라는 뜻이 아닐 듯하다. 도공의 오랜 숙련이 쌓인 결과물일 테니.

이제 막사발은 다관에 찻물을 붓기 전의 숙우 역할을 하고 있다. 차의 깊은 맛을 내도록 뜨거운 물이 70도 정도로 식을 때까지 머금는다. 또 찻잔을 데우거나 헹구는 일에 경건한 의식을 치르는 듯 그 과정을 받아들인다. 비로소 다관에 찻물이 우러나면 차 맛을 위해 또 한 번의 찻물을 받고 찻잔에 조심스럽게 차를 나누게 된다.

켜켜이 사연을 얹으며 서해 개펄을 주물러 만들었으니 그의 이름이 서해라고 했다. 서해라는 이름을 부르면 바닷길이 열릴 것 같다. 게나 조개, 소라들의 숨길이 트이던 그

길. 생명의 길이다. 찻물을 부을 때마다 나의 막힌 혈도 뚫릴 것 같아 또, 서해를 불러본다.

가마에서 불을 받아들이는 도자기를 보고 온 날, 아버지를 생각했다. 막사발, '서해'처럼 모양이 반듯하지 않아도 나의 못난 부분까지 사랑했을 아버지를.

시는 잃어버린 지평을 찾아가는 일

시는 나의 일상에 닿아 있다. 틈마다 지각변동을 일으켜 굳어진 시간을 융기시킨다. 한 조각 소리를 움켜쥔 날은 소리의 끈을 잡고 장조와 단조로 창을 열어둔다. 첼로나 바이올린의 무겁고 슬픈 음색이 틈을 메우다가 빗소리에 기대어 흐린 마음을 흘려보내기도 한다.

다가설수록 침묵하는 수평선 위로
청음이 쏟아진다
바람의 지휘에 새 악장을 펼친 거리는

빛으로 눈이 부셨다

날개의 파닥거림으로 휩쓸리는 크레센도의 물결
뼈들이 부딪치는 골목마다
난타의 소용돌이

오카리나에 혼을 불어넣는 소리나무
풍경소리 잘강거린다
-「소리나무」 일부

시는 색채와 빛으로 스며들 때가 있다. 무채색이 나의 삶을 점령해버릴 때, 현상을 과감하게 발설하고 참았던 속울음마저 터지면 시는 나의 등을 껴안으며 위로의 빛이 되어 주었다.

나방들이 비비고 떠난 살가루가
주검으로 실려 나가고
불빛을 읽어내지 못한 숫자들이 늘어간다

백색등이 켜지고, 해체했던 시간은 봉합되지만
꿰맬 수 없는 살점들은 빛을 잃고 허공에 떠다니는 통곡으로 남겨진다
문은 침묵 속으로 격리되고

초조해진 날개들이
불빛으로 몰려든다

아직은 수술 준비 중
나의 심장이 깜빡인다
-「백색등을 켜면」 일부

젖은 시간을 말리는 건조장에 휘날리던 봄의 꽃잎들, 나풀거리던 색색의 천들을 휘감던 기억이 단층에서 피어난다. 비포장도로의 민들레 꽃 옆에 살짝 다가앉아 노란색을 경이롭게 바라보고 씀바귀 꽃의 안부도 묻는다. 그 안부 속에는 청소년기의 내가 졸업할 때까지 부모님과 계약한 시간을 담보로 강을 건너던 시절이었다. 기차를 타고 서울로 떨어져 사는 가족에게 건너가고 건너왔다. 멀어지는 철길과 터널과 강물의 물굽이를 넘었다. 그건 때로 결핍이었고 슬픔이었다. 밤이 오가고, 달리는 기차 차창에 거울이 생기면 섬뜩하게 무서워지면서 하나둘 새겨지던 식구들의 얼굴이 그려지다 사라져 갔다. 그때부터였는지도 모른다. 외딴 섬, 창호지에 어리는 메마른 사각의 방에서 공책에 늘어가던 상처와 통각이 시로 움트고 있었는지도.

빨려 들어가는 어둠의 터널
앞의 차를 들이받을 것 같은 간격

속도는 제로 지점을 가리키지만
가속 페달에서 발을 떼지 않았다

전조등을 켜지 않은, 분실된 기억을 통과한다

들여다볼 수 없는 것들이 흐르고 있는
속도계는 제로
-「터널의 속도」 일부

습관처럼 거울을 들여다본다. 거울 속에는 보이지 않는 것들이 차오르고 있었을 텐데도 읽어내지 못해 내가 뿌옇다. 그런 날은 밖으로 나가 걷기를 한다. 오래 걸으면 단순해지면서 사물들의 말을 듣게 된다. 시는 쉽게 몸을 드러내는 법이 없어 오래 그와 내통을 해야 한다. 사물이 내게 관계를 허락한다. 그제야 마음으로 그 말을 받아 적는다. 눈물을 글썽거리기도 하고 기쁨을 중얼거리며 한 글자 한 글자 내 마음에 옮겨 심는다. 나의 시 쓰기도 상징의 물굽이를 타고 넘어서는 중이다.

연꽃 향기가 허공을 치댄다 개펄의 시간을 물레에 얹자 탯줄을 가르는 갯내음. 불꽃에 붙박이며 가마 쪽 일에 귀를 연다 애벌그릇 뜨겁게 끌어안을 때 화려한 꿈을 담으려던 너는 초벌의 불꽃을 읽어내지 못했고 불완전한 숨결에 금이 갔다 담아야 할 자리를 잃어 무엇이 되지 못한 조각들을 내려다본다 몇 번의 불질에 몸을 맡겨야 너를 안을 수 있을까 애벌의 살갗에 견뎌내는 사랑을 유약으로 바른다 (중략) 가마를 털자 불새는 검붉은 문장을 지우며 날아간다 불새가 날아간 자리, 연꽃무늬만 남았다

-「불새가 그린」 일부

생각에도 일교차가 일어난다. 어떤 날은 영화를 줄줄이 서너 편을 보기도 하고 운동화를 신고 불현듯 교외선을 탄다. 바다를 찾아간다. 체증에 걸려 있던 오후를 꺼내고 털썩 모래톱에 주저앉아 파도를 내 안으로 밀어 넣는다. 파도가 밀려오고 내 안의 탁한 것들이 소리를 지르며 씻겨나간다. 생각의 강폭이 넓어지는지 마음이 헐렁해진다.

비슈켄슈타인은 인생 노트에서 철학은 시처럼 하라고 했다. 시 속에는 성찰과 끊임없는 질문이 들어있기 때문이 아닐까. 시의 모습을 그리다가 누군가의 생각을 넘겨다보았다. 동물의 동면은 가혹한 경쟁과 그 노동으로부터 풀려나는 따뜻한 시간이라고 했다. 나는 그 따뜻한 시간을 시로 풀어내야 하는 사명감에 젖는다. 어쭙잖게 나의 강을 돌며 수많은 질문으로 답을 찾지 못해 밤이 달아난 적도 있기 때문이다.

김기덕 시인의 『이미지의 공식』은 시 창작에 대한 즐거움을 더해주었다.

시 쓰기는 가지마다 매달린 많은 문장을 적절히 배치하고 연결시키는 것이다. 완성된 시는 하나의 개체가 되고 사물이 되고 인격이 되어 만물 속의 일부로 다시 돌아간다. 하나의 시 속엔 우주 만물의 비밀이 담겨 있고 시가 완성되는 과정은 곧 우주 만물의 변화주기를 상징한다고 할 수 있다.

–『이미지의 공식』 중에서

내가 걸어온 시의 길은 서정성에 근거했다. 우연히 맛 들인 리좀적 글쓰기에 매료되어 갔다. 리좀은 '뿌리줄기라는 말로 옥수수의 수염뿌리처럼 중심 뿌리가 없이 분기되고 접속되는 관계를 말한다.'리좀적 요소를 하나로 묶어주고 큰 틀을 형성해 줄 숨겨진 철학적 요소, 대표적 주제나 이미지가 필요하다는 것이다. 시와 함께해온 시간 동안 비록 사고의 팽창과 수축 이론에 깊이 빠져들지는 못했지만, 빙산의 원리와 하이퍼의 상징성에 매력을 느끼면서 유목적 글쓰기에 한발 한발 다가간다.

이미지나 상징의 단면을 어떻게 시로 보여줄 것인가에 고민하면서 주로 마인드맵으로 글의 가닥을 잡는다. 시는 적절한 배치에 그 차원을 달리한다고 한다. 배치안에 각 항을 접속하여 새로운 이미지나 상징을 얻을 수 있기 때문이다. 그러한 시도는 평면적 글쓰기보다는 피카소 적 입체적 글쓰기에 기인한다. 사고의 분화로 언어의 분화, 이미지 확산을 위한 유전자인 유사성, 인접성, 상징성, 욕망의 선, 스토리의 기법을 활용하고 있다. 또한, 이미지를 위한 사물적 묘사를 병행하며 사고의 훈련을 하고 있다.

오랫동안 철길에 누워 있었다. 가끔 눈을 돌리면 민들레나 씀바귀 꽃이 먼지를 쓴 채 손을 흔들었다. 속도가 튕겨내는 돌멩이에 이마를 부딪치기도 했다. 장맛비에 푹 젖어 한쪽 귀를 잃어버리자 소리가 속력을 내도 둔감해졌다. 팔월 햇볕에 바스러지고 쩍쩍 갈라졌다. 이제 할 일을 마치고 순례의 길로 나선다. 철길에서 몸을 일으켜 세우고 숲에 들어와 푸르게 어우러지던 날, 몸에 절은 기름기 뱉어내며 산의 등뼈가 되어 자근자근 밟아주는 발길에도 흐뭇했다. 어디선가 수군대는 소리가 들려왔다. 개미나 벌레들이 갉아대는 대로 내맡기며 때가 되면 흙이 되고 싶었는데, 숲에서도 퇴출이라는 말을 뱉어낸다. 하혈하며 기름기를 쏟아내는 폐궁의 몸. 산을 잉태할 수 없는 폐목들이 버려진 공터에서 길들은 숲을 내주지 않는다. 침묵은

침묵 중이다.

－「침목(枕木)」 전문

첫 문장이 강한 인상으로 기경(起耕)되면 시가 싹을 틔운다. 나는 퇴고에 많은 공을 들이는 편이다. 침목이란 시는 깊은 인상으로 남아 있어선지, 아니면 오래 봐왔던 때문인지 퇴고는 그다지 오래 하지 않았다. 침목은 수없이 눈물을 흘리며 다니던 나의 철길에서 자신의 몸을 보여주었고 말없이 교감하고 있었던가 보다. 오래 눈에 들었던 침목이 등산로의 계단이 되어 있을 때 그 계단을 오르내리며 자연스러운 소멸을 생각했으나, 기름기 낀 폐목은 자연으로 되돌아갈 길이 없다는 것이다. 어쩐지 병든 사람의 모습처럼 가엽다.

먼지 낀 쪽마루에 마른 손바닥을 대자 그늘의 약도가 옮겨 온다 미네르바의 선로를 달리던 밤의 본성으로 환승한다 쉴 새 없이 생각을 쏟아내던 스물하나, 부엉이 발자국을 새기며 푸른 창가로 끌어당기던 별빛. 그 흐린 명왕성을 따라 위성이 되겠다는 너를 이해하지 못했다 명왕성이 행성에서 자리를 잃어버리듯 너의 별빛도 하늘로 돌아가고 말았다 팔 벌렸던 감색 옷을 황토벽에 걸어두고 빈방은 가부좌를 튼 채. 샛바람이 넘나들던 들창의 고리를 걸어 잠갔다 시린 내가 불꽃 지펴 아궁이 앞에 쪼그려 앉는다 너의 등이 돌아눕지 않고

거미줄에 갇혀버린 네 시가 연기에 콜록거린다 슬픔의 화산이 솟구쳐 화석이 되었다 오래전 나의 행성이었던 너는 없고 기억을 잡고 있던 고리들이 헐겁다 어머니의 눈물에 벽이 조각조각 떨어지고 황토에 개어 바른 담에서 길은 돋아나지 않는다 어둠에 갇힌 시어에 너의 반짝이는 운석 하나쯤 보내오길, 오랜 꿈의 선로를 잇는다

-「그늘이 앉는 방」 전문

인연을 지웠던 기억을 꺼내 그의 원고지를 빌려 쓴다. 그가 존재했던 시간을 거기 그렇게 두어야 할 것 같다. 그에 대한 예의일 것이다.

계절이 오는 소리는 국화와 코스모스가 한 뜰을 사용하고 있는 이야기로 시작되기도 한다. 나는 시의 뜰에서 계절을 초월한 상징과 비유를 설치해보려고 한다. 아직은 비우기보다는 채우려는 마음이 큰 듯하다. 아르보 패르트의 「거울 속의 거울」, 피아노 연주곡이 가슴에 흘러든다.

『뼛속까지 내려가서 써라』 나탈리 골드버그의 책을 다시 펼친다. 오래 눌러놓았던 압축된 시간이 퇴색한 단풍잎 한 잎을 물고 추락한다.

시는 내가 찾지 못한 곳에 늘 먼저 가서 기다리고 있었다. 가는 길에 상처가 나고 딱지가 앉을 즈음, 겨우 꽃잎 한 장을 내어주었다. 상처에 핀 꽃이었다. 그 꽃에서 바람의 나이를 읽으며 내 시의 지평을 향해 걸어가고 싶다.

나의 시 쓰기 - 『시문학』 2019년 11월호

봄은

가로수 길에서 버스킹 공연이 열리자 사람들이 모여들고,
나도 발끝으로 박자를 까딱거린다.
다 함께.
라, 라, 랄, 라 몸을 흔든다.
마음속 그림자가 사라진다.
바람이 불고 있는 거리가 훈훈하다.
사진기 셔터를 누르며 터트리는 웃음
아름다운 사람들이 모여 있는 거리에서는

자연스레 안녕하세요. 먼저 말하고 싶다.

차가운 계절은 가고…

카페의 따뜻한 불빛 아래

타인들이 친근해지는 밤.

파랑의 시간이 숨 고른 너머로

하늬바람이 불어 꽃잎이 흩날릴 것만 같다.

다 카포 Da Capo

2023년 3월 05일 초판 인쇄
2023년 3월 10일 초판 발행

지은이 / 백승희

발행인 / 강병욱
발행처 / 도서출판 교음사

03147 서울 종로구 삼일대로 457 수운회관 1308호
Tel (02) 737-7081, 739-7879(Fax)
e-mail : gyoeum@daum.net
등록 / 제2007-000052호

* 잘못된 책은 바꿔 드립니다. 값 12,000원

ISBN 978-89-7814-017-1 03810